目錄

1	第一章　導論
1	一、蘇格拉底之問
6	二、界定正義
11	三、正義的激情
16	四、本書結構與安排
23	第二章　忌妒正義 —— 休謨
23	一、前言
27	二、休謨正義理論的思想背景
27	（一）自然法理論
29	（二）契約論
30	（三）情感主義
33	三、《人類天性論》中的正義
33	（一）休謨的經驗主義
36	（二）正義的本質
40	（三）正義的起源
44	四、《道德原理探究》中的正義
44	（一）對早期爭議的迂迴回應
47	（二）後設的懷疑主義

50		（三）正義作為一種協定
53	五、正義的道德心理學	
54		（一）忌妒的多義性
56		（二）忌妒概念的重構
59		（三）同理心作為樞紐
62	六、休謨的挑戰	

第三章　虛榮正義 —— 盧梭

65	一、前言	
69	二、盧梭的負面書寫	
70		（一）文明敗壞論
74		（二）高貴的野蠻人
77		（三）不平等的誕生
80	三、盧梭的道德心理學	
81		（一）愛己心作為自我生存的本能
84		（二）憐憫心的道德意義
85		（三）尊己心與正義感
90	四、社會契約 —— 為人性套上枷鎖	
91		（一）自由的弔詭
94		（二）締結社會契約
98		（三）打造平等的共同體
100	五、普遍意志與正義	
101		（一）普遍意志的本質
105		（二）普遍意志的形成
108		（三）理想與神話

110	六、追求共善的政治
113	**第四章　愛敬正義 —— 康德**
113	一、前言
117	二、康德的正義觀
118	（一）正義作為法權
121	（二）正義的體系
125	（三）正義與原初契約
129	三、正義的客觀基礎
130	（一）定言命令作為道德除錯的程序
133	（二）理性與人性尊嚴
136	（三）邁向道德的目的王國
139	四、正義的主觀基礎
140	（一）道德的點金石
142	（二）正義與愛
144	（三）正義與敬重心
146	五、正義的必要
148	（一）歷史目的論
152	（二）永久和平論
154	（三）人的根本惡及其超越
158	六、自由、平等與友愛的政治
161	**第五章　怨恨正義 —— 尼采**
161	一、前言
166	二、尼采的反道德主義

167		（一）自由精神的覺醒
170		（二）反道德主義的內涵
174		（三）道德的「破」與「立」
176	三、道德的系譜考察	
177		（一）善惡的源起
180		（二）奴隸的道德造反
182		（三）超越善與惡
184	四、正義的三個層次	
186		（一）正義作為法
190		（二）正義作為力量
193		（三）正義作為最高價值
195	五、怨恨及其超克	
197		（一）無力者的怨恨情感
199		（二）貴族的級距感
201		（三）召喚高等人
203	六、尼采的個體政治	

205	**第六章　正義的過去與未來**
205	一、正義的多重臉譜
208	二、正義的建構與解構
212	三、低度的利他主義
215	四、共同體的追求

219	**參考書目**

第一章

導論

一、蘇格拉底之問

什麼是正義？兩千四百年前的蘇格拉底如是問。這個蘇格拉底之問，是過去兩千多年來道德與政治哲學家追求的聖杯，是關於人類社會的終極提問。時至今日，這依然是困擾眾人的問題。我們似乎並不因為科學知識的進步，而比蘇格拉底進步多少。

然而，在二十世紀大部分的時間裡，正義的問題曾經沉寂許久。在實證主義與行為主義獨擅勝場的時代裡，許多人急忙宣告：道德哲學已死，政治哲學已死，讓我們聚焦在可以量化、可以驗證的經驗研究上。但事實上，價值的問題不會消失，也不能被簡單化約為自然現象一般的經

驗問題。康德（Immanuel Kant）早已經說明了，人類理性的理論運用與實踐運用是兩個截然不同的領域，前者構成實然的自然知識，後者則是指引人類行動的應然知識，兩者各有不同的基礎與原理。在科學壓倒人文的時代，實踐知識的必要性仍舊存在，它只是蟄伏著，等待時機破繭而出。

羅爾斯（John Rawls）在七〇年代出版的《正義論》（*A Theory of Justice*）象徵了一個重要的分水嶺。這本書重啟了關於正義的古老提問，如同一個敲門磚，撞開了塵封已久的哲學大門。從此，關於正義的論述如雨後春筍般浮現，無論西方或東方，都進入了正義論述的黃金時代。過去數十年，正義的概念家族日益龐大，吸納了許多舊成員，也繁衍了眾多的新成員：有維護司法公正性的司法正義，有約制公權力執行的程序正義，有重視社會資源與機會之分配的社會正義，有探討性別平權的性別正義，有反思國土規劃的土地正義，有為無殼蝸牛呼喊的居住正義，有捍衛動物權利的動物正義，有追求生態永續的環境正義，有檢討世代剝奪感的世代正義，有追究威權前朝的轉型正義，有為第三世界發聲的全球正義，也有規範國際秩序的國際正義，可謂族繁不及備載。

正義成為一個蓬勃的論述產業，正義也一躍而為流行文化必備的關鍵字。但是，在這生機盎然的表象下，卻潛藏了許多對於正義的常見誤解。

第一個常見的誤解，是將正義視為是自然法則一般的客觀規律。在這種觀點下，正義的尺度彷彿像是正義女神（Justitia）手上的那把天秤一樣，絕對而不可錯。

在這種素樸的理解下，正義被當作是獨立於人類心靈之外（mind-independent）的客觀存在。事實上，正義不是如同自然現象一樣的客觀事物，當人們轉頭不看月亮時，月亮依然存在，但是當人們不去思索並珍視正義的時候，正義勢必不復存在。正義無法獨立在人類的心靈之外，它是依存於人類心靈（mind-dependent）的一種價值。我們無法像自然科學家「發現」自然法則一樣地「發現」正義，正義是人為的產物。

不過，儘管正義不是自然的客觀存在，它卻也不是個人主觀的虛構幻想。嚴格地說，正義的本質是相互主觀的（intersubjective），它是眾人的協力產物。正義是人類的「建構」，而不是來自大自然的「發現」。我們像是一群打造理想建築的工匠一樣，共同協力建造出一個眾人理想中的價值秩序，並將自身的生命安置在正義的庇護之下。

第二個常見的誤解，則是將正義當作是一種固定的、不容改變的結構與制度，彷彿在英明神武的立法家「一錘定音」下，正義就獲得了永恆的形象。

與人類社會其他的構念（construct）一樣，正義既是依賴於人類心靈的概念，它當然也是特定人類社會下的產物。正義是人們基於不同的環境背景而建構出來的規範性概念。我們以正義之名下決斷，判定一個事態的公平與不公平、平等與不平等、正當與不正當等等。基於不同的背景環境，我們也可能產生不同的正義觀以及不同的判斷。如果人類社會的起始條件（包括自然環境資源、人類的生物學構造等條

件)有所改變，人類的正義觀當然也會隨之變化。如同休謨（David Hume）所言，我們可以簡單地設想，如果這個世界是一個資源取之不盡、用之不竭的世界，那人類便無需區分「你的」與「我的」的差別，我們就不會有計較公平與否的正義概念。但不幸的，這世界的資源有限，人類演化而來的許多能力都是與競逐有限資源的處境息息相關。因此，自然世界的條件與人類的生物學構造，都影響了人類的正義觀。

而不同的歷史文化條件下，人們也會產生不同的正義觀。在兩千年前的世界裡，鮮少有人質疑奴隸制度的正當性，但在今日的世界，奴隸制度幾已絕跡。同樣地，一百年前的世界，女性普遍被剝奪投票權與參政權，但如今，性別平等已經是文明世界的共識。因此，人類社會的正義觀一直在進化中。我們沒有理由相信當今世界的正義觀就是最佳的終極版本。正義的追求是永恆的事業，它沒有完全實現的一天。正義不應該被當作是一種靜態的規則與價值，正義應當是動態的、不斷被實踐、持續被修正的。然而，正義價值無法靠自己「道成肉身」，它必須透過我們這群政治社會裡的公民們，不斷地琢磨它、感受它、表達它、操作它。正義感是公民必備的美德。沒有公民們集體地實踐正義，正義作為一種人為的偉大價值將無法依存。

關於正義的第三個常見誤解，則是將正義「去人性化」，將正義理解為冰冷的理性要求，不應該也不需要摻雜一絲人類情感。

的確，在正義的概念中，「不偏私」（impartial）是其中重要的一環，但是「不偏私」並不等於不帶個人情感與欲望，正義並不意味著將人類的情感與愛好徹底刨除掉。事實上，正義的根源是一個複雜的心理過程，它會經過自我利益的考量，更進一步地昇華為對眾人利益的考量，這中間的轉化過程是正義感得以驅動人心的重要理由。少了這層的理解，我們無法理解正義感的發生，以及正義對人類行動的驅動力量。

　　此外，把正義與人類的各種情感切割開來，會讓人誤以為正義是聖人的事業、甚至是神的意志展現，因而讓人忽略了正義與我們日常生命的連結，也低估了正義在人心中的糾纏掙扎。誠然，許多人會質疑，正義也會有激情的層面嗎？正義不應當是冷靜自持的嗎？正義不是我心如秤的理性決斷嗎？沾染情感的正義還能是公平的嗎？這些質疑並不算錯，正義有理性的層面，但光是有冰冷的理性，我們無法理解正義本身的價值，也無法說明正義為何是眾人共同追求的目標，更會忽略了正義與你我的切身相關性。

　　我們有必要重啟這個蘇格拉底之問，關於正義的探問。但是，關心正義問題的人，不該只是思考正義是什麼（what）的問題，更要追索的是一系列為何（why）的問題：人類社會為何需要正義？為什麼正義感是一種摻雜忌妒、怨恨、虛榮與利己的複雜情感？為什麼正義感卻又能如此高貴與利他？為什麼正義是一個如此難以落實、如此艱難的社會工程？為什麼正義值得人們前仆後繼地追求？因此，我們需要

一個正義的道德心理學,我們必須了解正義感在人心中的發展歷程。

二、界定正義

在思考正義問題之前,我們必須對正義有所界定。但該如何界定正義呢?依羅爾斯所見,我們可以區分出正義概念(concept of justice)與正義觀(conception of justice)兩個不同的層次,前者是對於正義一詞的語義說明,後者則是對於正義制度的具體構想。[1]為了理解正義的概念,我們最常做的,就是給正義下一個語義的界說。舉例來說,在《理想國》(Republic)中,蘇格拉底跟他的弟子與朋友們進行了一場最知名的正義的概念之爭,有人說,正義就是強者的利益,又或者,正義就是有借有還、助友傷敵,這樣的爭論其實就是針對正義的概念域進行琢磨與商榷,當人們對於它的概念域的爭議底定之後,正義的概念就可以被確認下來。[2]近代以來,在道德與政治哲學的領域裡,正義概念大致已獲得相當穩定的意義,一般來說,正義就是公平(fairness),公平的意思是說,每個人都獲得其應得份額的事物,一個人若獲得他不應得的份額,那就是不公平,也就是不正義。

但問題是,如果我們對於正義的概念有了基本的共識,

---

[1] Rawls (1999a). *A Theory of Justice*. Cambridge, Massachusetts: Harvard University Press, pp. 8-9.

[2] Plato (1941). "Republic," in *The Works of Plato*. The Modern Library, pp. 331c-339a.

是否就代表我們在正義的問題上不會產生爭議?當然沒有如此簡單。因為,儘管我們或許都同意「正義就是公平」,但我們對於如何落實公平正義卻可能有實質的爭議。舉例來說,一位馬克思主義者與一位經濟的自由主義者可能都會同意我們要追求一個公平正義的經濟制度,但是對於什麼樣的經濟制度才是公平的,雙方卻有截然不同的想像。換言之,儘管雙方在概念上沒有明顯的差距,彼此都同意要追求公平正義的社會,但是什麼才是公平呢?這位馬克思主義者可能認為「各取所需、各盡所能」才是公平,而這位經濟的自由主義者卻認為「自由市場機制的競爭與分配」才是公平的,雙方的爭端並不是正義的定義問題,而是正義的制度設計與社會安排的問題,因此,雙方的爭議不是概念上的,不是說文解字所能解決的,雙方面對的是實質的爭議,這就是在正義觀的層面上的爭端。

因此,我們不能僅僅在概念上將正義理解為公平而已,一個完整的正義理論必須給出它實質的正義觀,也就是落實公平正義的制度主張。因此,接著的問題是:我們該如何構想一個落實公平正義的制度?

歐威爾(George Orwell)在《動物農莊》(*Animal Farm*)中說了一個諷刺故事:有一天,農莊裡被奴役的動物們推翻了農場主人的統治,共同成立了一個「所有動物一律平等」的新體制,但有一天,牆上的標語變成了「所有動物一律平等,但有些動物比其他動物更平等」(All animals are equal, but some animals are more equal than others）。[3] 這個故事讓我們啞然失笑。因為，平等（equal）的基本意義，就是沒有人可以享有比他人更多、更好的地位與待遇。「更平等」（more equal）這種比較級的用法難免自相矛盾，它的作用只是粉飾赤裸裸的不平等。

但是，歐威爾所描述的荒謬情境，卻在人類社會中不斷發生。許多崇高的人類價值，往往成為欺瞞大眾的話術與修辭。我們可以看到嘴上隨時掛著人人平等的政客，所作所為卻是在鞏固自身統治集團的特權；滿口捍衛機會平等的資本家，背地裡卻以經營政商人脈、內線交易、利益輸送的方式壯大自己的資本；我們也可以看到，標舉眾生平等、人人皆是兄弟姊妹的道德家與宗教家，卻堂而皇之地以自身的道德偏見，歧視、貶抑其他不同身分認同與傾向的族群。在現實生活裡，自認為比他人「更平等」的人比比皆是，人生而平等云云，似乎只是口惠實不至的修辭。

對於人類種種不平等處境有所體察的人，大致上都會同意，一個沒有落實人人平等理念的社會，不會是一個正義的社會。因此，平等（equality）是正義必須安置的基本價值之一。只不過，平等並非人類社會唯一的價值，自由（freedom）也是一個最根本的價值。誠如盧梭（Jean-Jacques Rousseau）所言，一個失去自由的人，也就失去身為人的尊嚴。因此，我們恐怕也很難同意，一個沒有自由權保障的社會能夠是一個正義的社會。

---

[3]　Orwell (1956). *Animal Farm*. New York: The New American Library, p. 114.

然而基本價值之間可能會產生相互碰撞與牴觸的狀況，因此，自由與平等的衝突是長久以來政治哲學思考的主軸。我們可以簡單地設想：當我們將平等發揮到極致的時候，人們的自由似乎就免不了得受到相當的壓抑，而相反地，當我們將自由極大化的時候，人與人之間的平等也將無法維持。這兩者似乎是相互排斥的理念。如果魚與熊掌不可兼得，自由與平等孰先孰後？長久以來，左派主張平等的價值優先於自由，而右派卻主張自由的價值優先於平等，這是政治哲學中最核心的意識形態之爭。姑且不論各方意識形態的立場，基本上大家應該能夠同意，自由與平等都是一個正義社會的重要價值，彼此意見的差異只是在於自由與平等的優先順序與權重而已。為了追求一個良序的社會，自由與平等兩者都必須放在同一個框架之下共同思考。這個共同的框架，就是正義。

　　不過，自由與平等這兩個基本價值必須有依託的所在，它們必須落實在某一個共同體之下，否則這兩者將僅僅是抽象的普世價值，甚至淪為空泛的概念遊戲。所以，在探討自由與平等的時候，我們不能夠把它們孤立在共同體之外，否則這些價值理念就像掛空的幽靈一般，無法道成肉身。因此，對於自由與平等的理解，不能僅僅是概念的解析，其本質應當是對於某個共同體的歷史的理解，去看看該群體的成員如何透過種種的奮鬥、抗爭、實踐、堅持、詮釋，將自由與平等的理想落實在集體的共同生命裡。

　　一個融貫而完整的正義觀，除了兼納自由與平等的價值以外，也無法脫離一個特定的共同體。因此，友愛

（fraternity）的價值也必須被納入。在西方哲學的傳統中，將共同體的團結比喻為一種延伸的友愛，已經有悠久的歷史了，在亞里斯多德的政治哲學中，友愛是結合城邦所有成員的最重要的黏著劑。在法國大革命中，自由、平等與友愛更是三足鼎立的理念。但是我們無須將友愛的理想無限上綱為一種全然利他的博愛精神。所謂共同體成員之間的友愛，僅僅是表達彼此具有共同命運的一種連結感（interconnectedness），沒有這種共同的連結感，我們很難理解為何我們要世世代代、共同在這個國家裡實踐正義的價值，我們也很難理解人們為何要衷心地尊重他人的自由與平等。

因此，從概念上來看，我們可以將正義的概念理解為公平與不偏私等等類似概念的總和。但是，從正義觀的角度來看，我們則可以將正義視為是一個安置自由、平等與友愛等基本政治價值的制度安排。儘管一個公平正義的社會也有可能落實其他不同的政治價值，自由、平等與友愛不一定能窮盡所有的基本價值，但是此三者是一個符合公平正義的社會所必備的理念。

此外，一個完整的正義觀也必須說明它對於自由、平等與友愛等政治價值的優先排序與制度設計。一個將平等置於自由之前的國家，可能會傾向於社會主義或具社會福利精神的社會民主體制；一個將自由置於平等之前的社會，則可能傾向於小政府型的放任式自由主義體制；而在左與右的光譜之間也存在程度不一的另類可能。

不過,本書並不處理實質的政治制度安排,也不對不同政治價值進行優先排序,在此僅提出對於正義觀的基本界定。本書真正著力之處,是第二類關於正義的提問,也就是為什麼(why)的問題:我們為什麼要追求正義?為什麼正義是可欲的(desirable)?正義感(sense of justice)為何對於人的行動具有驅動的磁吸力(magnetism)?為了理解這些問題,我們需要一個關於正義感的道德心理學的說明。

三、正義的激情

休謨曾經提出一句哲學史的名言:「理性是情感的奴隸」(reason is the slave of passions)。[4] 在他看來,理性不是真正驅策人們行動的最終理由,在人們胸中燃燒的種種情感才是讓人採取行動的真正理由。乍看之下,理性是人們心中發號施令的主宰,實際上,人們胸中的愛恨情仇才是真正的主人,理性只是執行情感意志的僕役。

舉例來說,我們為何要遵守公平的遊戲規則?因為這是符合理性的嗎?我們會因為一件事情是符合理性的,所以我們就乖乖地去實踐它嗎?休謨認為不是如此簡單。我們之所以會去做一件事,不是因為它是符合理性的,而是因為我們的情感如此驅策著我們。當我們看到自己國家的某一角落有人挨餓受凍,同時也看到第三世界國家的某處有人挨餓受凍,理性來說,我們都有一樣的理由去幫助他們(理由

---

[4] 關於休謨的行動哲學與他對於正義起源的探討,請詳見本書第二章。

是：我們有解救挨餓受凍之人的義務），但是往往前者會激起我們比較強烈的行動動機，後者則隨著地理距離的拉遠，我們的行動動機也就漸漸淡薄。為什麼？因為人的同理心（sympathy）的本質就是對與我們相近與類似的人產生相應的情感，而地理距離越遠、種族的生理特徵差異越大，人的心理距離也越遠。因此，人們行動的真正動因，似乎不單單依靠理性，很大部分是發自人們胸中感受的情感。休謨的這種立場被稱為情感主義（sentimentalism），因為這種主張強調情感對於人類行動與價值判斷的主宰力。

此處以休謨的情感主義破題，並非因為他的理論最為正確，事實上，理性也是我們行動的重要理由，情感與理性兩者都不可或缺。理性主義（rationalism）的代表人物康德同樣也承認情感的重要性。他在知天命之年時就曾指出，就算我們在理性上判斷一個行動是對的，也不代表我們就會依這個理性的判斷行動，真正能驅動我們行動的反而是道德情感。只不過，康德在後期（批判哲學時期）試圖證明，驅動我們的道德情感，不是生理性的愛好，而是一種來自理性的實踐愛（practical love）。總而言之，理性與情感對於人們的行動，都是不可或缺的。[5]

然而，在傳統的哲學中，尤其是關於正義的討論，經常過度抬高理性的地位，而貶低情感的重要性。在一般人的心中，正義更彷彿是神祇的尺度，是理性的絕對命令，不應該

---

[5] 關於康德的道德心理學的前後期轉變，請詳見第四章的討論。

沾染任何情感的元素。在這種觀點下,正義背後的激情被忽略了,其影響力也被低估了。事實上,人們的正義感背後有許多複雜而相互拉扯的情感,缺乏對於這些情感的理解,我們無法正確看待正義。

關於正義感,最常被討論的是它背後的動機究竟是利己的還是利他的情感。亞里斯多德認為,正義是一個共同體最重要的美德,沒有正義的支撐,一個共同體將無法存續,而在正義之中,我們關切的不只是自己的福祉,我們關切的是他人的利害,因此亞里斯多德將正義視為「他人之善」（another's good）。[6] 從這個角度來看,正義感的情感基礎是利他遠遠多過於利己。

但是,這種利他的觀點在許多哲學家看來是相當可疑的。舉例來說,英國經驗主義的先驅霍布斯（Thomas Hobbes）即認為,人們是出於自我生存（self-preservation）的動機才願意接受正義的規範,因為在正義的制度之外,是一個強凌弱、眾暴寡的戰爭狀態。[7] 休謨也採取類似的看法,他認為我們不應該高估人們慈善的天性,人們雖然有慈愛之心,但是其範圍與強度是有限的,人們更強的行動動機是利己而非利他。休謨宣稱,正義的創設完全是出自人們利己的天性,因為追求正義的動機在於我們忌憚他人得到比自己更

---

[6] Aristotle (1941). "Nicomachean Ethics," in *The Basic Works of Aristotle*. Random House, pp. 1130a3-5.

[7] Hobbes (1994). *Leviathan*. Indianapolis: Hackett Publishing Company, pp. 74-75.

多的不當利益,因此他將正義稱之為一種人為的「忌妒的美德」(jealous virtue)。

除此之外,由於正義感的情感基礎相當可疑,因此,正義本身的可欲性(desirability)也經常成為被攻擊的標的。最著名的批判者莫過於德國哲學家尼采(Friedrich Nietzsche)。尼采批判歐洲的主流正義論述中,「平等」與「公平」這兩個不同的概念被混淆置換了。他認為,公平的本質就是「人人依其力量強弱決定其擁有的多寡」,但是平等卻將公平的原初意義置換為一種齊頭式的「人人平等」。尼采認為這種平等的正義觀背後,潛藏著一種卑劣的怨恨情感(resentment; *ressentiment*),它是一種弱者對於強者的怨念與妒恨。因此在尼采看來,正義本身是否可欲是值得懷疑的。[8]

在當代的哲學家中,同樣對於這種平等的正義觀批評最力的,則是放任式自由主義(libertarianism)的辯護者諾齊克(Robert Nozick)。諾齊克認為,平等的背後具有一種追求自我尊嚴(self-esteem)的需求,但如果一個人追求自我尊嚴的方式,是透過羨妒的情感(envy)來拉平別人的優勢的話,這並不是一個高尚的動機,也不是一個有效方法。他認為,追求自我尊嚴的真正方法,不是齊頭式的平等,而是創造一個讓人可以自由發揮其天性與能力的多元環境,易言

---

[8] 必須注意的是,尼采雖不贊同平等的正義觀,但是他本人對於正義的價值是相當推崇的,他所追求的是一種高等人的正義觀。關於尼采的正義觀的介紹,請詳見本書第五章。

之，自由的價值應當凌駕在平等的價值之上。[9] 兩相比較之下，自由具有內在價值 (intrinsic value)，但是平等卻沒有內在價值。因此，在諾齊克看來，平等的正義觀本身也是大有問題的。

然而，人們追求平等的情感是否真的如此卑劣而不堪？在思想史中，鼓吹人人平等的理念最力的哲學家就是盧梭。盧梭認為人天性善良，雖然有愛己心（self-love; *amour de soi*），但是並不欺凌他人，只不過，在進入群聚的社會生活後，人的愛己心在眾人相互比較的情境下，轉變成為一種睥睨他人、突出自身的尊己心（pride; *amour-propre*），在惡性的尊己心的無限蔓延下，人們開始掠奪、積累、剝削、欺詐，人類社會的不平等現象才因此發生。但是，盧梭認為，人們的尊己心是兩面刃，當它往惡性的方向發展時，它可以是人類最殘酷的不平等的來源，但是當它往良性的方向發展時，它卻可以成為建立一個平等社會的重要情感驅力。在盧梭看來，一個虛榮的人，無法接受他人凌駕在自身之上，而當眾人都擁有這種情感時，人們會因此協商出一個讓眾人的尊己心都能共存的制度，那就是一個眾人同樣平等而自由的正義制度。[10] 因此，在盧梭的論述中，追求平等的情感是經過一個複雜的轉變過程的，不是像批判者所言的如此單純。

在康德的眼中，正義的追求更是由高尚的情感所驅策。

---

[9] Nozick (2001). *Anarchy, State and Utopia*. New York: Blackwell Publishing Limited, pp. 239-246.

[10] 關於盧梭對於尊己心的轉變與昇華的討論，請詳見第三章。

在他的論述中，驅策著我們往正義邁進的情感是一種敬重（respect; *Achtung*）的情感，其本質是一種發乎理性的實踐愛。我們之所以接受一個人人平等的正義制度，是因為我們敬重彼此都是具有理性的存有者。而不管眾人的愛好與私心究竟如何，康德甚至相信我們可以透過理性約制人們的根本惡（radical evil; *radicales Böse*），建構一個就算是由惡魔所組成，但也能如公民般守法的正義國度。

從以上的討論，我們可以發現正義背後的情感糾結。正義並不是一種抽離人性、冷冽無情的理性尺度。我們必須扭轉這個偏見，我們應該正視正義被人忽視的另外一面。在正義之中，既有理性的元素也有激情的成分：正義是既冷靜而又熱切，正義既是公平也是忌妒，正義是既高貴且虛榮，正義是既睥睨又敬重，正義是友愛也是怨恨，正義是既利他也自私，正義既是報復也是寬恕。在這本書中，我們將深入探討正義背後的這些激情，以及它們彼此之間複雜交織的結構。只有正視正義背後的多元情感元素，我們才能真正擁抱正義。

四、本書結構與安排

讓我們回到蘇格拉底之問：究竟什麼是正義？為了回答這個提問，我們不僅需要提出一套正義觀，同時也必須對這個正義觀背後的道德心理學（moral psychology）有所說明。在目前國內外的正義理論研究當中，絕大部分都在討論不同類型的正義觀，以及不同領域下的正義議題，但是對於正義背後的道德心理學則較少人加以爬梳。

因此，本書選擇了十八、十九世紀的四位哲學家，他們對於正義的道德情感都有所創見。這四位哲學家分別是英國經驗主義大師休謨、法國大革命的導師盧梭、理性主義的集大成者康德，以及重估一切價值的反基督尼采。他們有的是正義的建構者，例如盧梭提倡人人平等的正義理論，試圖以正義的社會契約矯正文明與人心的敗壞，而康德的義務論則為當代的人權學說奠定最堅實的基礎；其中也有正義的懷疑者，例如休謨，被其同時期的人視為是「破壞道德的基礎」的哲學家，是顛覆道德與正義的懷疑論者；有的甚至被視為是正義的破壞者，例如尼采，他以反道德主義者自居，對於平等的價值嗤之以鼻，更經常被人視為是正義理論的反對者。本書試圖透過這些過往哲學家的眼光，不僅探討正義的過去，也一探正義的未來可能。

本書在討論這些哲學家的理論時，皆回到哲學家本身的著作，以探究其確實的觀點。本書的寫作，除了英文的翻譯版之外，也同時參酌了康德、尼采的德文版原典，並儘量比對了盧梭的法文版原典，至於以英文寫作的休謨則完全以英文原典為主。因此，全書的專有名詞與重要引述，採取英文與原文並列的方式，以方便讀者比對與掌握其原意。此外，為了幫助讀者理解該哲學家的思想發展與背景，本書也會儘量提供相關的說明，其目的在於幫助釐清該哲學家的主要問題意識與思想源流。

然而，本書對於這些哲學家思想的討論並非介紹的性質，本書的工作基本上是一種重構的工作。本書的宗旨，無

非是希望站在這些哲學巨人的肩膀上,讓我們對於正義的本質與正義的道德心理有更深刻的洞見。

本書共有六章,除了第一章的導論之外,第二章至第五章將分別討論這四位哲學家的正義理論,並在第六章進行總結的討論。第二章的主題是休謨的「忌妒正義」。在休謨的考察之下,正義感雖然發乎人類天生的利己心與忌妒心,但是透過同理心的中介,我們得以產生一種共同的利益感,這種社群的共同感乃是正義這種人為制度的基石。休謨雖然以知識論上的懷疑論者聞名,但是他並沒有對道德與正義採取全面性的懷疑。以我們當代的哲學概念來說,休謨在正義的問題上僅僅是一位後設的、第二序的懷疑論者,他只是對於眾人習以為常的人性原理加以質疑,並且重新賦予正義一套新的理論解釋而已。除此之外,本書也試圖從休謨的前後期著作中,重構他的忌妒概念,並進一步說明同理心如何能夠將忌妒心提升為一種共同利益感。

第三章的主軸是盧梭的「虛榮正義」。盧梭是知名的文明敗壞論者,而他描述的自然狀態下的人,往往被稱為一種「高貴野蠻人」(noble savage)。盧梭在《愛彌兒》(*Émile*)一開場便直言:「萬物在離開造物主之手時都是善的,落入人之手就開始敗壞了」。而他對於人類不平等的系譜考察,則是對於人性墮落歷程的解析。在他看來,人生而有自利的愛己心,但是也有天生的憐憫心,因此人在前社會的自然狀態,並不如霍布斯所描寫的戰爭狀態一般可怖。相反地,人性的敗壞是在進入文明社會之後才發生的,尤其是因為

人類相互比較的尊己心的無限制蔓燒。在思想史中，通常將盧梭的尊己心視為是人類一切社會罪惡的淵藪，但是論者常常忽略了，尊己心也是通達社會契約下肯認人人平等的重要轉折。因此，除了傳統對於尊己心的負面詮釋之外，我們有必要重新考察尊己心的正面意義，以及它對於正義的驅動力量。

第四章則探討了康德的「愛敬正義」。康德在前批判時期時受到情感主義的影響很深，尤其是盧梭與蘇格蘭的情感主義者的影響。因此，他在著作與講課中都花了相當的篇幅探討人的道德情感，他甚至宣稱，誰能夠找到驅動人類道德行動的驅力來源，誰就找到了道德的「點金石」（philosopher's stone; *Stein der Weisen*）。但是康德在批判時期就將道德情感的重要性降低，並將焦點轉換到他所謂的實踐愛以及敬重心，並透過理性建立了人性的尊嚴。與此同時，康德在其人性學說中卻又提出了知名的根本惡的說法，在其政治與歷史哲學著作中更宣稱，透過理性的法，我們能夠在惡魔之間建立天使的國度。對於康德的傳統解釋都將這個轉化的過程完全歸諸於理性的力量，事實上，康德對於人類道德情感的轉換與提升也頗多著墨，本書試圖恢復這個從早期康德到晚期康德的道德心理學的線索。

第五章的主題是尼采的「怨恨正義」。在道德與正義的問題上，尼采是一個令研究者尷尬的存在，你無法迴避他，卻也似乎無法正面擁抱他。在宗教立場上，他是一個反基督，在道德立場上，他是一個反道德主義者，在正義的立

場上,他鄙視人人平等的畜群道德,他主張的是貴族精神。但是歷來的研究都將焦點放在尼采哲學的破壞面向上,卻較少著墨在他的建設面向,尤其是他的正義理論。本書從他的著作中分析出三種不同層次的正義,並且重構出他的正面主張。透過這些新詮釋,我們會發現尼采的正義理論有許多值得當代哲學借鏡之處。

第六章是本書的總結。透過這些哲學家梳理的不同正義的情感起源,我們可以發現正義絕非一般所設想的純然理性與抽離,正義背後的激情是推動我們實踐正義的真正力量。而正義感背後的心理結構相當多元複雜,以至於尼采認為其「雖是紫羅蘭但香味卻截然不同」。當我們了解正義的多重臉譜以及正義感內的糾結纏繞,我們會更加理解正義的本質。

在總結了關於正義的道德心理的討論後,本書將進一步提出三點結論。第一點是對於正義本質的再省思。正義觀不是一個靜態的固定結構,如羅爾斯所說,正義是一個反思均衡下的產物。甚至如尼采所說的,正義是一個「建構、剷除與破壞的思維方式」。因此,正義的本質不只是一個建構的過程,它同時也必須蘊含一個解構的可能性,透過建構與解構的持續循環,正義觀才能夠與時俱進,否則今日的正義將是明日的枷鎖。

本書的第二點結論是關於正義的道德情感。正義的情感究竟是利己的或是利他的?若正義是純然利己的,則正義的維持將是短暫而脆弱的,若正義是純然利他的,則正義將脫

離人性而淪為道德的泡沫。本書主張一種低度的利他主義，在這種正義的框架下，個人主義與社群精神都可以獲得安置。

最後，本書要回到平等的問題上。我們可以同意諾齊克的批評，自由具有內在價值，但是平等本身並沒有內在價值。但為什麼我們應該要追求一個平等的共同體呢？因為，沒有平等權的支撐，一個自由的共同生活將是不可能穩定而永續的。同樣地，沒有友愛作為共同體成員的連結，自由與平等的體制也無法穩定。我們最終要追求的正義，必須是一個同時能夠安置自由、平等與友愛價值的共同體，它是一個由平等的成員所組成的共同體，而平等將是連繫自由與友愛的最重要關鍵。理解了平等在共同體中的重要性之後，我們會明白，為何在這個不平等的年代，崩解的不只是人們的生計基礎，而是人們對於自由的信仰、對友愛的信念，最後岌岌可危的，將是這個共同體本身。

第二章

忌妒正義 —— 休謨

一、前言

休謨（David Hume, 1711-1776）出生於蘇格蘭大城愛丁堡，被視為是英國史上最偉大的哲學家之一，影響力遍及歐洲，啟發了德國大哲康德的批判哲學，也是啟發物理學家愛因斯坦的最主要哲學家[1]，其哲學在今日英美哲學界仍有相當的主宰性。除了哲學成就，休謨在歷史、文學與政治上都有相當的貢獻，他也曾以外交人員的身分派駐巴黎，與法國哲學家盧梭維持過一段短暫的友好關係。

---

[1] 愛因斯坦曾自述休謨對他的特殊相對論的啟發：「以我自己而言，發現此一要點（即相對性的概念）所需要的那種批判推理，在閱讀大衛‧休謨與恩斯特‧馬赫的哲學著作之時已明確養成了。」（轉引自：Norton, 2010: 360）

作為英國經驗主義的集大成者，休謨以嚴格而不妥協的懷疑論（skepticism）立場聞名，任何理論上的假定如果通不過經驗的檢驗，都會被他毫不遲疑地否決。他對一切事物的判斷標準，都來自於他對於人性原理的一種心理學理解，他反對所有超越人類經驗的形上學臆想，因為他認為，任何與我們已知的人類知性與情感的基本原理相違背的主張，都應該被懷疑。

休謨除了探討人類知識的本質，也進一步探討人類的各種情感，以及依據人性原理所形成的種種美德（virtue）。在其哲學著作中，正義也是他花最多篇幅探討的美德。他採取了當時十七、八世紀盛行的情感主義立場，細緻地分析了正義的源起以及它與人類情感結構的複雜關聯。他為正義下了一個知名而充滿爭議的定義：正義是一種戒慎與忌妒的美德（cautious, jealous virtue）。

正義為何忌妒？忌妒又如何能成為一種美德？

休謨要求人們設想，如果今日人類生活在一個資源豐沛、生活所需毫不匱乏的環境條件下，人類會如何生活？如果再多發揮點想像力，假設人類天性利他而慷慨，絲毫沒有損人利己之心，那麼，在這樣的世界裡，會有人爭論正義與不正義的問題嗎？休謨認為，絕對不會。因為在那樣的世界裡，人類的腦海壓根就不會產生公平正義的概念。我們將不會計較「你的」與「我的」之區別，也不會有貪念與忌妒。

然而，反觀我們的現實世界，正因為人心自利，所以我們戒慎於任何與他人的交易與往來，也正因為現實世界裡

資源有限,所以我們對於任何與他人的微小差別都會斤斤計較、心生忌妒。休謨認為,這才是正義的真正起源:來自人類利己而忌妒的心。但是,正義作為人際互動的尺度與規範,它可以有效地約束人類的私欲貪念,因此,正義是一種能促進公共利益的美德。

而休謨更大膽地宣稱,正義並非天生的美德,而是人為的美德,它的基礎在於因眾人的利益而形成的協定。休謨的正義理論與當時主流的自然法理論(將正義視為是神所創設的律則)、契約論(將正義視為是人們理性的共同協議)大相逕庭,被反對者視為是一個敗壞道德的危險學說。

休謨的正義理論,最早出現於他在二十八歲時即已完成的哲學史鉅著《人類天性論》(*A Treatise of Human Nature*),但此書出版後並未得到太多注目,休謨本人甚至認為此書「一出版就成死胎」[2],沒在學界激起任何漣漪。但事態的發展並非如此簡單。

1744 年中,當休謨有機會爭取愛丁堡大學的倫理學教席時,反對休謨接任教席的學界人士暗中集結[3],將《人類天性論》的片段抽離出來,羅織了數大罪狀,指稱休謨是徹

---

[2] Hume (2007). "My own life," in S. Buckle (Ed.), *Human Understanding and Other Writings*. Cambridge: Cambridge University Press, p. 216.

[3] 反對人士甚至包括了蘇格蘭啟蒙運動大將哈奇森 (Francis Hutcheson),並據信是由當時愛丁堡大學的校長威夏 (William Wishart) 撰寫了小冊子反對他。關於休謨的這段愛丁堡教席風波,可以參考 Emerson (1999: 1-22) 與 Buckle (2007: xv-xxi)。

底的懷疑論者與無神論者。反對者更指控休謨所謂「正義乃人為的美德」的說法模糊了善惡、對錯、正義與不義的客觀區別，嚴重地「毀壞道德的根基」。但休謨並不甘就這樣束手待斃，他寫了一封公開信，後來以〈一位紳士致其愛丁堡友人信〉（*A Letter from a Gentleman to his Friend in Edinburgh*）出版，逐點逐項地反駁反對者的質疑。休謨認為反對者的指控是對他的哲學斷章取義，以至於誤解他的要旨。[4] 不過，休謨的反擊並沒有成功，由於此一風波，休謨最後並沒有獲得愛丁堡的教席，而他終其一生也沒有進入學院。

休謨的正義理論究竟有何令人驚駭之處，以至於學界的反對勢力要鳴鼓而攻之？他的正義觀又有何創新之處？對於我們今日的正義相關思考有何重要性？這些問題都是本章所要回答的。

為了回答這些問題，本章第二節必須先交代休謨身處的時代背景，將他的思想發展放入比較寬廣的脈絡，尤其是他與自然法傳統、契約論與情感主義的關係，如此將有助於我們了解休謨的道德哲學與正義理論。此外，休謨的正義理論主要出現在他最重要的兩本哲學著作，早期的《人類天性論》與後期的《道德原理探究》（*An Enquiry Concerning the Principles of Morals*），本章第三節與第四節分別介紹了這兩本書中的正義理論之梗概，並且討論了前期與後期的區別，

---

[4] Hume (2007). "A Letter from a Gentleman to his Friend in Edinburgh," in S. Buckle (Ed.), *An Enquiry Concerning Human Understanding and Other Writings*. Cambridge: Cambridge University Press, pp. 160-161.（後面簡稱 *Letter*）

以及休謨獨特的後設的懷疑主義。第五節則進一步探討休謨的道德心理學，尤其是休謨對於正義感背後的複雜情感結構，尤其是他對於忌妒心與同理心的分析。第六節則是對休謨的正義理論的總結。

二、休謨正義理論的思想背景

休謨的哲學雖然創新而走在時代之前，但是他的思想仍然受到前人的影響，有繼承也有批判。若想要理解休謨的正義理論，不可免地也要理解他所植基的時代背景與潛在的對話對象。在休謨的潛在對話的對手中，與正義理論比較有關連的就是自然法理論（natural law theory）、霍布斯（Thomas Hobbes）與洛克（John Locke）的契約論（contract theory），以及當時流行的情感主義（sentimentalism）。

（一）自然法理論

休謨所處的十八世紀的歐洲，已經受過宗教革命的洗禮，強調理性的啟蒙運動也正如火如荼展開，宗教也開始從世俗政治退位，但是宗教教條對於思想的支配仍然相當嚴格。在道德與法政哲學的領域裡，自然法理論仍舊具有主宰力。自然法理論主張，人類行為所遵循的規範，不只是在政治社會下特定的人為規範（實定法），也有一種客觀的、普遍有效的道德規範（自然法），而且自然法的效力優先於實定法。

在自然法的傳統中，最重要的是兩位天主教哲學家，奧古斯丁（Augustine of Hippo）與亞奎那（Thomas

Aquinas）。奧古斯丁將柏拉圖哲學與天主教教義結合在一起,將正義列為人類核心美德的四樞德（four cardinal virtues）之一（其他三德是明智、勇毅與節制）,他的正義概念與柏拉圖相似,也就是「人人得其應得」（to render to every man his due）。[5] 但是奧古斯丁將正義區分為兩個領域,一個是國家之法的正義,這種法是短暫的世間之法,另一種正義則屬於上帝之城的永恆之法,後者優先於前者。奧古斯丁的區分為後來的實定法與自然法的區隔打下基礎,前者是侷限在特定的政治社會下的規範,後者則是客觀與普遍的法。

亞奎那則為自然法奠定更完整的基礎,他結合了亞里斯多德的正義理論,將正義視為是政治社會最重要的美德,但他也強調來自神的恩典的正義永遠優先於人類立法下的正義。[6] 簡單而言,在自然法理論的觀點之下,真正的正義是來自於神的授予,它是永恆而客觀的,決不是來自於人類的創設與協定,如果將正義貶低為人為之物,則善惡、是非、對錯的標準將成為主觀而任意的,神所造的世界秩序將蕩然無存。因此不難想見為何休謨的學說會引起反對者的憂慮與批評。

---

[5] Augustine (1962). *The Political Writings of St. Augustine*. H. Paolucci (Ed.). Chicago: Regnery Gateway, p. 129.

[6] Finis, J. (2011). *Natural Law and Natural Rights*. Oxford: Oxford University Press, pp. 398-402.

（二）契約論

在英國契約論的傳統裡，對於正義的起源的探討，最主流的是霍布斯與洛克兩人。霍布斯認為正義是社會契約所創設，在沒有法律的自然狀態（state of nature）中，沒有正義與不正義的區別。他在《利維坦》（*Leviathan*）主張人生而平等，因為人天生的體力、智力相去不遠，所以在自然狀態中，人都有擔心遭受他人侵害的同等恐懼，基於人追求生存（conservation）的天生本能，加上同等的恐懼感，因此人們會發動戰爭、征服潛在的敵人，以確保他人無侵害自身性命財產的疑慮。[7] 此即霍布斯「自然狀態即為戰爭狀態」的觀點。為了避免無日無夜的戰爭狀態，霍布斯認為我們必然走向政治狀態、進入政治制度之內，其形式則是集體讓渡我們的自然的自由，交付給一個主權者，我們因此從戰爭狀態進入了政治狀態，一個以君權為核心的政府因此成立。而正義就是基於社會契約所創設出的人為的美德。

休謨基本上同意霍布斯將正義視為一種人為的美德，但是休謨反對契約論的觀點，他也不認為自然狀態下的人將如同豺狼虎豹，休謨認為人仍天生具有部分的慈善心，人也並非因為恐懼而進入政治社會。

洛克亦不同意霍布斯對於自然狀態的殘酷描述，他認為即使在自然狀態中，人仍然受神授的自然法的拘束，而正義的基礎就是神授的自然法，人們透過契約組成的政治社會仍

---

[7] Hobbes, T. (1994). *Leviathan*. Indianapolis: Hackett Publishing Company, pp. 74-75.

不能違背自然法的正義。他在《政府論》（*Two Treatises of Government*）對於自然狀態的描述，則與霍布斯逕庭。洛克並不認為在法律之外人們必然陷入永無止境的，每個人對每個人的戰爭。儘管如此，人們仍有必要走入政治狀態。在自然狀態中，若人們之間發生糾紛，因為沒有公權力的存在，所以缺乏合格而公正的仲裁人，以至於產生日常生活的諸多不便利（inconveniences）。[8] 在洛克看來，人們需要一個保衛人們自由權利的低度政府，尤其是對於人的財產權的保障，因此人們會制定政治契約，透過議會的立法授權行政權的治理。

與霍布斯相較，洛克認為正義是天生的，並非人為的產物，而且人生性善良而慈善。自然法理論的影響力相當強，即使是霍布斯與洛克仍無法正面否定之。兩人對於自然狀態的觀點雖然不同，但皆肯定在自然狀態之中仍有自然法的存在。

（三）情感主義

情感主義是流行於十七、八世紀的一種道德哲學主張，又被稱為道德感學派（moral sense school），基本上，情感主義主張道德的基礎不在於理性而是在於人的情感。比較知名的情感主義者除了有休謨本人以外，主要有較早的夏夫茲伯利（Anthony Ashley Cooper, Third Earl of Shaftesbury）、

---

[8] Locke, J. (1988). *Two Treatises of Government*. Cambridge: Cambridge University Press, pp. 312-315.

影響休謨最深的蘇格蘭啟蒙運動先驅哈奇森，以及比休謨小十二歲的經濟學大家亞當斯密（Adam Smith）。其中與休謨的學說關係最密切的就是哈奇森。

休謨本人相當推崇哈奇森，並認為自己許多關於道德的學說是受到哈奇森的影響。不過，哈奇森本人並不欣賞休謨在《人類天性論》中的懷疑論傾向，而且在休謨的愛丁堡教席風波中，哈奇森據傳也扮演了反對的角色。[9] 哈奇森影響休謨的情感主義主張甚深，在休謨與哈奇森的書信往來中，休謨甚至期待哈奇森將自己的學說接納為哈奇森思想的延伸，但是結果並不如休謨預期，哈奇森對於休謨《人類天性論》第三部中關於人為的美德的說法相當不以為然，他認為休謨的說法欠缺人性的溫暖。[10]

哈奇森的情感主義有幾個基本論點：首先，人類不像霍布斯的利己主義（egoism）所認為的只在乎自身的福祉，相對地，人類具有善意（benevolence）的動機，這種對於他人福祉的關心並非只是基於自身福祉的考量；其次，人類具有道德感，它是一種對於某些行為加以讚許、某些行為加以譴責的直接傾向；第三，人類的道德感的標的就是善意，而我們之所以讚許某些行為，乃是因為這些行為展現出了善意的動機。[11]

休謨同意哈奇森的說法，人類之所以會有善與惡、對

---

9 請參考本章註 3。

10 Mackie, J. (1980). *Hume's Moral Theory*. London: Routledge, p. 24.

11 *Hume's Moral Theory*, p. 25.

與錯的道德區分，其基礎不是來自於理性，而是人類的道德感。但是休謨並不同意哈奇森對於善意的說法。在他看來，人類雖然天生具有善意，但是人類擁有的善意是有限的，我們並非總是將他人的福祉置於優先考量，我們對他人福祉的關心是有親疏之別的，對親人的關心自然比對遙遠的他人的關心更優先，人類有照顧家庭的自然天性，但卻沒有捍衛社會集體福祉的天性。

換言之，善意作為一種人類自然而有的美德，其效力並不足以支撐一個政治社會的長治久安。休謨認為，若要使社會長治久安，正義是一個必要的美德，但是正義是一種人為的美德，它來自於我們對於公共利益（public utility）的追求，我們遵循正義，因為我們相信在正義的制度下，眾人的利益比較能夠得到保障。因此，休謨認為哈奇森的理論過度樂觀，過度擴大人類的善良天性，這是兩者在道德哲學上的區別。

透過以上的介紹，我們大致可以理解休謨所處的思想氛圍。休謨作為一個思想的開拓者，他矢志以他所謂的實驗方法（experimental method），也就是一種以經驗為判準的研究方法，一一檢視前人的學說。因此他批判了自然法理論的不可信、否定了契約論的假定，也質疑了全然利他的人性想像。

休謨提出了自己原創的正義理論，其基本主張有四：首先，人們追求正義的原始動機是出於自利（self-interest），而非利他的慈善；其次，正義作為一種美德，其基礎不在理

性，而是在於人類的情感（passion）；第三，正義並非人生而具有的天生的美德（natural virtue），而是基於人性之需要所產生的人為的美德（artificial virtue）；最後，他更從心理學的角度考察，挖掘出正義背後那卑微而幽暗的情感結構，那是欽羨、忌妒、恨、卑下、利己等情感交織出來的一種心靈特性，但是，休謨卻也同樣認為，如此幽暗的情感卻能轉化成一種有助於維護社會的集體秩序、促進公共利益的社會美德，這中間的轉化發展，仰賴人類的一種獨特心靈機能：同理心（sympathy）。以下各節將一一闡釋休謨的這幾個基本論點。

三、《人類天性論》中的正義

休謨最重要的哲學經典《人類天性論》內容共分為三卷，第一卷〈論知性〉探討人類知性的構造，以及知識的形成過程，第二卷〈論情感〉探討人類的各種情感，第三卷〈論道德〉則是將前兩卷對於人類天性的原理運用在道德與政治的領域中。而他的正義理論則是集中在第三卷第二部。由於休謨宣稱其道德與政治哲學的基礎在於第一卷與第二卷所建立的理論體系，因此在進入休謨的正義理論之前，我們必須先了解他在第一卷與第二卷所建立的經驗主義的基本內涵，再進入他在第三卷所建立的正義理論。

（一）休謨的經驗主義

休謨所用的知性（understanding）一詞，基本上沿用自英國經驗主義的傳統，其意義與理性（reason）相去不遠，

指的是人類形成知識的能力。休謨在第一卷中採取他所謂的實驗方法，放棄形上學式的臆想，而採取心理學式的觀察與內省，回到人的經驗上去理解知識的形成過程。在休謨的知識論體系中，他認為所有的知識都是來自於後天經驗，他否認有理性主義者主張的先天知識這種東西。[12]

休謨的主張是：我們不可能對於我們無所知覺的事物產生任何的經驗與知識，人類的知識來自於經驗，而經驗只來源於我們的知覺（perception）。這項經驗主義的主張顛覆了柏拉圖以降對於人類理性的美好想像，理性主義者相信透過理性的推理與臆想，人類可跳過感官經驗的侷限，直達永恆的形上領域，甚至如同近代的笛卡兒、萊布尼茲一般，相信人類可以藉由理性證明靈魂不朽與上帝的存在，甚至了解世界的本質。在休謨看來，這些傳統的信念必須經過經驗主義嚴格的挑戰與檢驗。

但是，休謨該如何證明經驗主義的主張較具說服力？他認為我們可以從內省人類知覺的本質做起。

人的知覺只有兩種：印象（impression）與觀念（idea）。所謂的印象就是在我們心靈中產生的最原初的各種感覺、情感與情緒，而觀念則是在思維與推理中出現的模糊圖像

---

[12] 先天知識與後天知識的問題是十七、八世紀歐洲理性主義與英國經驗主義的辯論主戰場。所謂的先天 (a priori) 是指獨立在一切經驗之外、不依賴任何經驗之意。舉例來說，對於一個相信先天知識的理性主義者來說，「1 + 1 = 2」是一個普遍為真的命題，它不需要任何的經驗作為基礎，它是先天的知識，但是對一個經驗主義者來說，這種數學命題是來自於我們日常經驗歸納的結果，它是後天 (a posteriori) 的知識。

（faint images），其地位僅是印象的摹本（copy）。舉例來說，當我看到眼前一團熊熊烈火時，我會產生灼熱的觸覺、刺眼的視覺，而這些感覺可來帶給我某種溫暖的安全情緒，這些當下的知覺就是休謨所謂的印象。但是當我在腦海中回憶起過去曾經看過的一團烈火，我當下不會有觸覺與視覺的感覺，我只能表象出一些模糊的形象，它的強度（force）與鮮活度（vivacity）完全比不上我見到火的當下印象，因此它只是抽象而模糊的觀念。[13] 在休謨看來，所有的經驗都必須來自最原初的感官的印象，然後再形成較為抽象的觀念，別無捷徑，但傳統形上學完全跳過了經驗的基礎，以至於成為了虛幻的空中樓閣。而嚴格而可信的哲學必須具備經驗的基礎，也就是要經過他所謂的實驗方法的檢驗。

　　探討完人類的知性之後，《人類天性論》第二卷則是探討人類情感的種類及作用。休謨將情感（passion）分為兩種，直接的（direct）與間接的（indirect）情感。直接的情感是立即地被外在的刺激所激起，例如喜惡、悲歡、希望與恐懼、威脅感與安全感。間接的情感則較為迂迴複雜，例如驕傲與謙遜、野心與虛榮、愛與恨、欽羨與憐憫、惡意與慷慨等等。[14]

　　在這些繁複的情感分類下，休謨要回答的哲學問題是：

---

[13]　Hume (1978). *A Treatise of Human Nature*. L. A. Selby-Bigge & P. H. Nidditch (Eds.). Oxford: Oxford University Press, pp. 2-3. （後面簡稱為 *Treatise*）

[14]　*A Treatise of Human Nature*, pp. 276-278.

究竟是理性或是情感決定了人的行動與意志？若是從理性主義出發，所有的理性存有者都必須依照理性而行動，出自感官經驗的情感是盲目的，必須被屏除在意志的考量之外。但休謨反對這個古老的理性主義宣稱。他認為：首先，單單有理性是不足以成為任何意志行動的動機；其次，在意志的方向上，理性絕對無法抵抗情感的影響。[15]

休謨舉例，一個商人為何要把帳目算清楚？難道是基於抽象的、計算的理性？當然不是。商人將帳目算清楚的目的是希望知道自己是否能付清債務，是否還有資金能在市場上購買，這是出自於對自身財產的關心與喜好的情感。在人的意志與行動上，真正的決定動機是情感，而不是理性，因此休謨說出他的哲學名言：「理性既是也應該是情感的奴隸，理性永遠不能假裝自己並非效勞與服膺情感」。[16] 在休謨的經驗主義之下，人類的行動無法擺脫人類感性的左右，不帶情感的理性是蒼白無力的。

（二）正義的本質

休謨的正義理論主要是集中在《人類天性論》的第三卷第二部，在這一部裡，他討論了正義的起源，接著他一一討論財產權、承諾、政府、國際法等等與正義相關的主題。其中最重要的，就是他對於正義的本質與起源的討論。休謨將正義視為是一種美德（virtue），也就是說，正義是人們一種良善的心靈特性，但這項特性是人為的、後天習得的，因

---

[15] *A Treatise of Human Nature*, p. 414.

[16] *A Treatise of Human Nature*, p. 416.

此他將正義界定為一種人為的美德（artificial virtue），是一種人為的權宜或機巧（artifice or contrivance）的產物。[17]

所謂的「人為的」（artificial）是相對於「天生的」（natural）[18]而說的，一件事物之所以是人為的，乃是指它來自於人的機巧與協定（convention），並非如同自然事實一般地存在。不過，人為一詞，容易使人聯想到人工、虛假之意，不過，這顯然不是休謨的原意。他所謂的人為的美德，並非意指道德的本質是虛情假意、任人捏造的。休謨為了避免誤會，特別強調，儘管正義的規則是人為的，但它們並不是武斷任意的（arbitrary）：

> 為了避免冒犯，我必須在此說，當我否認正義是一種天生的美德時，我對「天生的」這個字的使用，僅僅是與「人為的」一詞相對而已。換句話說，在人類心靈的各種原理中，沒有比美德的感覺更為自然的原理了。人類是一種會發明的物種；當一項發明是顯然而且絕對必要的時候，與種種無須思考與反思的介入、立即發自於原初原理的事物相比，這項發明也可稱之為自然的。儘管正義的規則是「人為的」，但它卻不是「武斷任意的」。假如我們將「天生的」理解為「任何物種所共有的」，甚至我們將「天生的」限縮於「不

---

[17] *A Treatise of Human Nature*, p. 477.

[18] 英文的 natural 一詞語義豐富，有時意指「大自然的」，有時指「天生的」，有時又可以表示「天性的」，本章為了符合中文的文氣，因此會交叉使用「自然的」、「天生的」與「天性的」這幾個不同的翻譯。

可從該物種分離出去的」,那將它(按:正義的規則)稱之為「自然的法則」也不會不恰當。[19]

休謨深知他將正義界定為一種人為的美德,此舉必定會冒犯許多支持自然法理論以及相信人類天性善良的人們,因此他將「天生的」一詞的語義加以放寬,將人類基於生存所需而發明的人為制度也視為是符合人類天性的,以此降低眾人的反感。

儘管休謨將正義視為是一種「發明」、「人為的權宜」,甚至是「機巧」,正義的產生仍有其原理與基礎,而不是人們空洞的幻想。休謨認為,正義的來源並非如同自然事實一般的客觀存在,正義乃是奠基在人性原理上的人類制度的產物,但它並非可以任人虛構假造:

> 在美德中,沒有比正義更令人尊重的,在惡性中,沒有比不正義更令人厭惡的……今日正義乃是一種美德,正是因為它傾向於人類的福祉;而確實正義只是為了服務此一目的而有的人為發明。對國家的忠誠、國與國之間的法律、謙遜與禮貌等等事物也是為此目的而生的。這些都是為了社會利益而生的人為設計。[20]

在休謨看來,儘管對國家法律的忠誠義務,以及國與國

---

[19] *Treatise*, p. 484.
[20] *Treatise*, p. 577.

之間的國際法，同樣也都是來自人為的機巧與協定，這些都屬於人為的美德，而非天生所有的，但這些人為制度的機巧都是有原理與基礎的，不能以虛構視之。支撐這些人為美德的是人們對於自身利益的強烈情感，因為人們相信這套人為設計較能保障其共同的福祉，所以人類社會中才會有正義的存在。相反地，天生的美德，例如溫和（meekness）、慈善（beneficence）、慈悲（charity）、慷慨（generosity）、寬厚（clemency）、節制（moderation）、公正（equity）等等，則不需要依賴任何的人為制度。[21] 這些天生的美德來自於我們的天生本能，並非人們後天所建構出的情感，就算沒有人類社會的出現，人類仍舊會保有這些美德，但是正義卻不是如此，正義作為一種美德，它並非來自天性，而是來自於人為的機巧與協定。

休謨舉了一個「欠債還債」的假想狀況來檢驗正義是否是天生的美德。他質問：一個人為何應當償還他的債務呢？人們或許會說，是基於對正義的尊重，以及對於惡霸與無賴舉止的厭惡；但是，這個答案只是對於一個文明狀態下的人才有用的，因為他受了教育與紀律的訓練；但在一個沒有法律的自然狀態下呢？純粹訴諸所謂的正義與信實將是難以理解的事情，因為這些美德是仰賴在人為制度上的，沒有法律規範的支持，正義根本無法存在。[22] 在休謨看來，一個沒有法律制度與社會規範的狀態下，一個人根本沒有理由償

---

[21] *Treatise*, pp. 578-579.

[22] *Treatise*, pp. 479-480.

還任何東西，因為它違背了人類最強烈的動機：利己。從情感主義的角度來說，除非有一個更強烈的情感壓過了利己的動機，否則我們會傾向於遵循內心最強烈的欲望的呼喚。因此，休謨必須提出一套理論，解釋為何正義這種人為美德會出現，也就是說明正義的起源。

（三）正義的起源

休謨除了界定正義的本質之外，他也提出一套關於正義的起源（origin）的理論。休謨的觀點與自然法理論、契約論對於自然狀態的臆想（speculation）不同，因為基於經驗主義的立場，他無法接受沒有事實根據與經驗基礎的推論。休謨所採取的是一種今日所謂的自然主義（naturalism）的方法，也就是奠基在人類已知的自然事實（無論是物理的或心理學的），進一步建構自己的理論，而不訴諸形而上的臆想與宗教的教條，這也是休謨道德哲學與政治哲學的重要精神。

基於對於自然世界以及對於人性的基本認識，休謨認為有兩個基本事實是不容我們忽略的，一個是關於外在世界的自然事實，一個是關於內在心理的人性事實。他認為，正因為這兩個關於自然與人性的基本事實，正義這種人為設計才得以產生，因此他說：

> 我認為這是一個可以確信的命題：只有從人類的自私自利（selfishness）和有限的慷慨（confin'd generosity），

加上自然提供人類種種需求的不足供應（scanty provision），正義才得到它的起源。[23]

首先，休謨指出，關於這個自然世界的基本事實就是：人類被大自然所賦予的資源與生存條件一向是有限而有匱乏之虞的。這個觀點與他同時代的亞當斯密類似，後者的經濟學理論就是奠基在「資源有限」的基本自然事實之上。基於這個自然世界的事實，人類長期以來都是活在一個與生存搏鬥的現實條件下，人類必須窮盡其力量汲取資源、累積財貨才能確保自身的存續。

其次，休謨指出另一個來自於人性的基本事實：人類天生最初始的動機就是追求自我利益，所謂的利他的慈善（benevolence）並非人類最強大的本性。休謨關於人類心理的說明，其實綜合了霍布斯的利己主義（egoism）以及哈奇森的人性慈善的觀點，一方面肯定了人類天生自利，但也並不否定人類仍有部分的慈善的動機，只不過利己比利他的動機更為原初與強大而已。因此，休謨並不像霍布斯如此陰暗地將正義全然視為是人性自利動機的產物，也不像哈奇森那般樂觀地假定正義乃人之天性。休謨的人性觀點基本上是綜合了英國哲學傳統的各家說法。

總而言之，正義之所以產生，正是因為自然資源的匱乏、人人汲營於自身的利益（但人類仍有部分的慷慨與慈善

---

[23] *Treatise*, p. 495.

心）的必然結果，而並非來自所謂人類天生善良的天性，也不完全是利己動機所形成的。這是一個休謨式的正義系譜學。但是，根據人心自利與自然資源有限的基本事實，休謨進一步做出三項推論。

首先，人們之所以遵守正義的規則，其首先出現的動機絕對不是對於公共利益的尊重或者出於一種廣泛的善意，最原初的動機是利己。[24] 對於休謨來說，人類行動的最原初動機就是利己，不是利他或維護公共利益，儘管如此，在以公共利益為號召的正義制度下，個人的自利與整個社會的公共利益可以同時獲得確保，因此人們才會願意結合在正義制度的大傘下。也因此，為了確保長久的公共利益的存續，在某些狀況下，儘管違背了利己的動機（例如償還債務、接受法律的規範等等），個人仍會選擇暫時犧牲自我的利益而顧全共同的利益。所以，休謨認為儘管人的原初動機是利己，但不代表其行動永遠都是利己的，在正義的制度下，公共利益也可以是行動的動機，但它不是最原初的動機，而是衍生出來的行動動機。

休謨接著推論出他關於正義的第二個主張：正義並不是建立在理性與永恆、不變的抽象觀念之間的關係上，而是來自我們的印象與情感，人的正義感不是由理性所驅策，而是由情感所驅動。[25] 對休謨來說，我們無法透過觀念或抽象

---

[24] *Treatise*, pp. 495-496.

[25] *Treatise*, p. 496.

的推理讓人產生正義感,正義的基礎在於人的情感,而非理性。這個主張完全是延續他在第二卷所提出的「理性是情感的奴隸」的主張,也是休謨的情感主義的延伸。

由於正義乃是起源於自然與人性的事實,而且是由人類後天的情感所驅動,因此,休謨認為這也就進一步印證了前述的正義乃是人為的美德的說法,他進而提出第三個推論的主張:產生正義感的那些印象並不是人類心靈天生所有的,而是起源於人為的權宜與人們的協定。[26] 休謨認為,正義是建立在人們的協定上,而這個協定的驅動基礎是全體人所共有的利益感(sense of interest),當人們基於這種共同利益感而行動的時候,他們也會預期其他人亦會同樣地行動。沒有這種協定的話,我們無法設想有正義這種美德的存在,我們也沒有任何的動機使我們履行正義。[27] 換言之,正義的驅動力不是理性,而是一種基於人們共同的利益所產生的情感,而這種共同的利益感,則是興起於自利的人性在面對匱乏的自然環境時所產生的一種情感反應。休謨這些推論的結果都一再地確認了他的核心主張:正義是一種人為的美德。

總結以上對於《人類天性論》的討論,我們可以將休謨的正義概念簡單地界定如下:正義是人們基於利己之心,卻願意通過共同協定的遵守,以確保共同利益的一種人為的美德。

---

[26] *Treatise*, p. 497.

[27] *Treatise*, pp. 496-497.

四、《道德原理探究》中的正義

休謨在該書出版之後，經歷了「愛丁堡教席風波」，期間他調整了自己的論述策略，並將原初比較簡略的想法進一步深化，於1751年出版了另一本道德與政治哲學的專著《道德原理探究》，這本書可以視為是對於早期爭議的迂迴回應，但休謨的實質主張並沒有太大的變動。儘管他依然不認為正義是一種天生的美德，但是他在此書完全避用「人為的美德」的說法，也避免自己的道德哲學被貼上懷疑主義的標籤；因此，休謨明確地提出他對於素樸的懷疑主義的批評，而休謨自己的觀點則可以稱為一種「後設的懷疑主義」；另外，休謨將重點放在正義作為一種協定，以避免批評者的刻意誤解。

（一）對早期爭議的迂迴回應

如同休謨原本擔心的，他的正義乃是人為的美德的說法，果然引起宗教保守人士，以及哈奇森等主張正義乃天生的美德的學者的批判，引發了後來的「愛丁堡教席風波」。休謨在閱讀了批判他的小冊子以後，將小冊子的論點整理成六大點，其中第六點就是針對休謨的道德哲學與正義理論，此罪名為「毀壞道德的根基，否認了對與錯、善與惡、正義與不正義之間天生而本質上的差異，並將此差異化為因人類協定與協議而生的差異」。[28] 休謨在回覆此罪名時指出，在

---

[28] *Letter*, p. 154.

他同時代的主流觀點之下，這項指控無疑地是最為嚴重的，因為它指控休謨「摧毀所有道德的根基」。

休謨承認自己確實否定對與錯之間存在有像數學真理一般永恆的差異，在他看來，對與錯之間的差異來自人內在的情感，而他更指出，這個主張其實與哈奇森的情感主義相去不遠。休謨表示自己很清楚他的「天生的」與「人為的」的措辭是一個容易招致他人不快的用語，因此他在書中細心地透過定義與解釋來避免種種的誤解，他抱怨批評者並沒有留心到這點。他進一步解釋，同情心與慷慨這類美德是人的天生本能，但正義作為人為的美德，則是反映了人類社會以及與他人結合的共同利益，這種區分就如同吸吮是天生的能力，而說話是後天培養的能力一般，此種區分並沒有任何惡意可言，我們也不會因為有人說「人不是天生就會說話的」而有任何被冒犯之處。[29]

為了進一步回應這項批評，休謨在《道德原理探究》完全避用「人為的美德」的說法，他只有在該書的〈附錄三〉的註腳中輕輕地帶過相關爭議，並且宣稱這些爭議只不過是「語詞上」的爭議：

> 「天生的」（natural）可以與「不尋常的」（unusual）、「超自然的」（miraculous）與「人為的」（artificial）對立起來。在「不尋常的」與「超自然的」的意義之

---

[29] *Letter*, p. 161.

下,正義與財產權毫無疑問是「天生的」。但是當正義與財產權預設了理性、深慮、擘劃、以及人們之間的一種社會性的結合與聯盟的存在,「天生的」此一修飾詞或許無法嚴謹地適用於它們……但這些爭議僅僅是語詞上的(merely verbal)。[30]

易言之,休謨根本不認為正義是「天生的」或「人為的」有任何實質的爭議,兩者只不過是措辭與語義上的差別而已。因為在他看來,他所謂的「人為的」並沒有任何的貶低之義,他也同意人類有理性、深慮與群聚的天性。

但是,平心而論,休謨與哈奇森等人的觀點確實有非常明白的區別。休謨很清楚地指出正義是一種人為的發明、人為的設計,甚至他也依循霍布斯的說法,主張在自然狀態中,也就是在一個所謂的前社會階段,沒有正義也沒有所謂的不正義,只不過,休謨並不認為在自然狀態中人們就可以恣意妄為,人仍應該尊重他人的財產權(這點與洛克相同),並且人應該遵守承諾(promise)。[31] 但是,休謨的主張是否就因此「毀壞道德的根基」?這就是相當值得商榷的部分,而休謨後來的《道德原理探究》則可以被視為是對於這些質疑的一個迂迴回應。

---

[30] Hume, D. (1975). "An Enquiry Concerning the Principles of Morals," in L. A. Selby-Bigge & P. H. Nidditch (Eds.), *Enquiries Concerning Human Understanding and Concerning the Principles of Morals*. Oxford: Oxford University Press, p. 308. (後面簡稱為 *Enquiry*)

[31] *Treatise*, pp. 500-501.

（二）後設的懷疑主義

在批判者的控訴中，休謨被呈現為一個全面的懷疑主義者，彷彿所有的是非、對錯、善惡、黑白的區別都被休謨完全取消。事實上，休謨的立場並不是如此。休謨在道德哲學上採取的是第二序的懷疑主義（second-order skepticism），而不是第一序的懷疑主義（first-order skepticism）。第一序的懷疑主義，質疑道德是否存在，在這種觀點之下，天底下並沒有是非對錯的區別。第二序的懷疑主義，挑戰的不是道德的存在，它質問的是道德究竟有沒有客觀基礎，換言之，這類的懷疑主義相信人們心中存有道德，但是這個道德的基礎不是客觀的，而是來自人的主觀情感。這是一種休謨式的懷疑主義，可以稱為「後設的懷疑主義」。

事實上，休謨並不否認有對錯、善惡的道德區別的存在，畢竟在日常生活中我們都有油然而生的道德情感。因此他說：

> 那些反對道德區別（moral distinctions）的真實性的人，可以被列在不誠實的爭論對手之林；我們同樣無法設想，有人會認真地相信，所有的品格與行動都同樣值得每一個人的鍾愛與尊重。這個被天性置於人們身上的差異 [按：道德區別]，是如此之寬，而且這個差異被教育、示範與習慣更進一步加寬，當這差異的兩極同時出現在我們的腦海中，再謹慎的懷疑主義、再決絕的信心都絕對無法否認這些區別的存在。

> 就算一個人的無感再怎麼強烈,他必定經常被對與錯的畫面感動;就算一個人的偏見再怎麼頑強,他也會發現別人跟他同樣會有相似的印象 [按:印象是一種感性的觸動]。[32]

在這段話中,休謨很清楚地指出,道德區別是真實的,一個真誠的討論對象是無法否認確實存在善惡對錯的區別。當然,一個徹底的懷疑主義者(第一序的懷疑主義)可能會說:「不!我不認為有對與錯的區別」,但休謨只會要求他誠懇地內省自己的經驗,是否自己真的不曾感受過對與錯、讚賞與譴責的情感。休謨相信,再怎麼麻木不仁的人,都不可能認為任何作為皆沒有區別,而再怎麼偏執的懷疑主義者也無法否認自己會有對錯是非的情感。

在第一序的道德區別的問題上,休謨完全不是一個懷疑主義者,他相信對與錯、是與非、美德與惡性之間確實有差別,而不可以混同在一起。但問題是:道德區別的基礎是客觀的嗎?其基礎在什麼地方?我們憑什麼判斷一件事是對的而另一件事是錯的呢?

從神聖意志論(divine voluntarism)的角度來看,這個基礎來自於客觀的神聖意志;從理性主義的角度來看,此基礎在於客觀的理性上。休謨對於這兩種觀點也會同樣懷疑,因為神的意志究竟是什麼?我們如何產生關於神聖意志的經

---

[32] *Enquiry*, pp. 170-171.

驗與知識？而理性真的是道德區別的來源嗎？理性是決定我們意志的真正原因嗎？休謨的答案皆是否定的。

休謨認為，從經驗主義的原則來看，我們根本無法對神的意志有所認識，因而所有訴諸神的道德區別都是可疑的。此外，休謨相信理性本身沒有驅動力，理性只是情感的奴隸，情感才是驅使我們做出道德區別的來源。因此，休謨對於「道德區別有其客觀基礎」的主張是大表懷疑的。總的來說，若要指稱休謨的道德哲學是一種懷疑主義的話，其立場絕對不是第一序的懷疑主義，而是第二序的懷疑主義，也就是對於道德的客觀基礎的懷疑，因此是一種後設的懷疑主義。

休謨除了質疑道德區別的客觀基礎之外，他也提出自己的正面主張，一種道德主觀主義（moral subjectivism）：道德區別確實存在，但是其基礎在於人的主觀情感。休謨要求我們嚴格的內省自身經驗，當我們除去了所有好惡的情感，道德區別將會消失不見。因此他說：

> 除去對於美德的好感與偏愛，也除去所有對於惡習的厭惡與反感；讓人變得完全對於這些區別麻木不仁；則道德將不再是一個實用的研究，道德也無能於規範我們的生活與行動。[33]

---

[33] *Enquiry*, p. 173.

沒有了好惡的情感，我們不可能對於道德區別有所感覺。而當一個人喪失了對於道德區別的感覺，道德對他就不再有任何行動上的意義。因此，休謨主張，道德區別的真正來源就是我們身為道德主體的心中情感，而不是來自外在的客體的客觀屬性，一旦除去了情感，道德將成為一個沒有意義的事物。

（三）正義作為一種協定

休謨雖然在《人類天性論》中提出正義乃是人為美德的說法，但是在《道德原理探究》中，他不再重提「人為美德」的字眼，避免引起他人的反感，取而代之的，休謨花了更多篇幅討論正義乃是源自於人們的共同利益的協定，這項協定有其人性與自然的基礎，而不是人們荒誕的妄想。但是休謨要求大家必須理解他所說的協定的內涵：

> 有些人主張，正義乃是起源於人們的協定（human convention），發自人們自願的抉擇、同意或結合。如果此處所謂的協定是指承諾（promise）的話……那沒有比這個立場更荒謬的了。遵守承諾本來就是正義裡面最主要的部分，我們當然不會因為我們說了我們會遵守承諾，所以我們就非得遵守承諾。但是，如果所謂的協定是指每個人心中都感受到的一種共同利益感（sense of common interest）……那我們就得承認，在這個意義下，正義是起源於人們的協定。[34]

---

[34] *Enquiry*, p. 306.

休謨在此強調，正義的協定並不是建議在口頭承諾之上的契約，正義的存在必須同時來自人性的需要，也就是他所謂的共同利益。

　　在休謨看來，協定的基礎如果僅僅是口頭承諾的話，那這項協定注定是脆弱而短暫的。更糟糕的是，如果承諾的基礎也僅僅是承諾的話（例如，有人宣稱「我承諾我將遵守我的承諾」），那就成了一個荒謬的惡性循環。因此，休謨主張，協定必須有一個外在因素做為基礎，這個基礎就是彼此所共同享有的利益。休謨舉例，就如同划船的兩個人，彼此的協定基礎就是大家共同的利益（如果兩人不協力划船，船就無法動彈，則雙方同時受害）。同樣地，人們接受正義的規則，其原因在於它能確保彼此的利益不受任意的侵害，正義正是一種出於人性需要的共同協定。

　　休謨除了持續反對將正義視為是自然事實之外，他也依舊反對以神學為基底的「人天性為善」的人性觀。相反地，他認為人天性自私自利，並非天生具有博愛眾人的慈善心，但是，透過自利作為驅動力的集體行動，最後仍會達到符合公共利益、符合正義的社會制度。為了探討正義的起源，在《道德原理探究》中，休謨做了一個思想實驗（thought experiment），他要求我們假想了一個世外桃源般的世界：

> 讓我們假設如下的狀況：大自然賦予了人類這般豐沛的外在資源，沒有任何不可測的意外、無須我們的任何照顧與勤奮，每個人都可以得到他最貪婪的愛好

所需的以及他最奢華的想像所欲求的一切。我們再假定，他天然的美麗超越了所有人造的裝飾，終年和煦的季節使得衣物與遮蔽毫無所用，野生的植物提供了他最美味的飲食，再加上潔淨的泉水、最豐沛的酒飲。無須勤勉的工作、無須耕作、無須航海。音樂、詩歌與沉思是人的唯一事務；交談、歡笑與友情是他的主要消遣。顯然地，在如此幸福的狀態之下，每一種社會美德都會滋長，而且是十倍地增長；而正義這種戒慎的、忌妒的美德 (cautious, jealous virtue)，將會是人們想都沒想過的東西。[35]

在這個情境之下，休謨要求我們思考一個問題：在這個接近完美的世界裡，人們會需要正義嗎？他認為答案至為顯明：當然不需要。假設人類社會真的擁有取之不竭的資源，而且人們的美德都得到最高程度的陶養，人們不需要也不會想去侵奪他人的利益，因此不會有不正義的傷害出現。既然沒有不正義的侵擾，人類社會當然不需要捍衛正義的制度，甚至正義這種「戒慎與忌妒的美德」，也壓根不會出現在人們的腦海裡。[36]

休謨在《道德原理探究》中，採取不同的修辭與論述策略，迂迴地說明了正義的人為性。他認為，人道與慈善這些天生的美德，都是對人有直接影響力的直接傾向（direct

---

[35] *Enquiry*, pp. 183-184.

[36] *Enquiry*, pp. 184-185.

tendency）或本能（instinct），它們不需要任何人類制度的支持。[37] 例如，父母會飛奔去解救孩子、慷慨的人會資助其友人，這些都是自然的本能，不需要社會制度的規定。

但是，正義就不是這麼一回事，正義需要制度的支持。休謨進一步比喻，慈善的美德所造就的繁榮與幸福，就像是一座牆一樣，它是由眾人齊力、一磚一瓦地搭建起來的，但是少了幾個磚瓦，這座牆仍能聳立；但是，正義的美德所造就的幸福，就像是一個拱頂結構，只要少了一磚一瓦，整個拱頂馬上就會塌下來。[38]

從休謨的拱頂結構的比喻，我們可以看到人的利己心雖構成了拱頂的磚瓦，但是仍必須透過共同協定的支撐，將每個人的利益都緊緊結合在共同利益之下，否則任何一個人的利己心壓過了他對於共同利益的情感，都會導致集體福祉的崩潰。

五、正義的道德心理學

如前面所言，休謨將正義界定為一種忌妒的美德。但是，忌妒究竟是如何的一種情感？忌妒又如何成為一種美德？休謨不僅沒有明確的說明，更麻煩的是，休謨在眾多不同的著作中，對於 jealousy 一詞的使用也相當不同，有時是指愛情的忌妒，有時是指敵我的猜忌，有時則是人際之間的

---

[37] *Enquiry*, pp. 303-304.

[38] *Enquiry*, p. 305.

競爭心，有時是一種負面的情感，但有時卻又具有正面的意義。因此，在了解休謨關於正義的道德心理學之前，我們必須理解 jealousy 一詞的多義性。也由於休謨在著作中並沒有對於忌妒加以明確說明與分析，我們只能從他著作中的上下文推敲、重構其意義，呈現出正義背後的情感結構。在重構了忌妒的概念之後，我們將進一步說明，為何忌妒可以成為一種美德。休謨特別強調人天生具有的同理心，則扮演了重要的樞紐角色。

（一）忌妒的多義性

休謨的著作已經距今兩百多年，其使用的語彙意義也經歷了相當的變化，而不能妄以今日的意義理解之。基本上，在休謨所處的十八世紀英語脈絡下，忌妒（jealousy）一詞比當今所理解的那種純粹因愛情而生的苦惱更為複雜。

例如，在探討國際貿易原理的小論文〈論貿易的猜忌〉（*Of the Jealousy of Trade*）中，休謨批評歐洲國家之間廣泛盛行的一種「毫無根據的猜忌」（ill-founded jealousy），也就是對於他國的進步心存疑懼，把所有的貿易國家都看作是自己的對手，誤以為他國的繁榮昌盛，必然會使自己的國家蒙受不利。[39] 在這個脈絡之下，休謨將忌妒視為是一種純粹負面的猜忌心，而且忌妒不只是個人對個人，也適用在國家對國家，此處所說的忌妒完全與愛情無關。

---

[39] Hume, D. (2006). "Of Jealousy of Trade," in *Essays: Moral, Political, and Literary*. New York: Cosimo Classics, pp. 327-328.

此外，在《道德原理探究》中，當休謨假想了一個物產豐饒的大同世界裡，我與鄰人之間根本就無需區分「我的」與「他的」之別，因為我無須擔憂他人掠奪我的生存資源，我也無須與他人相互較勁，他人就如同是我的分身一般，我與他人之間將「沒有忌妒、沒有分隔、沒有區別」（without jealousy, without partition, without distinction）。[40] 在這個脈絡下，休謨所用的忌妒一詞隱含了負面的意義，他將忌妒視為是一種與他人分別與比較的負面情感。

因此，當休謨同樣地在《道德原理探究》宣稱正義是「忌妒的美德」時，其實為自己製造了一個小難題：為何負面的忌妒情感可以與美德相容？但是休謨本人並沒有討論這個問題。因此，這部分的工作就有待我們的重構。

除了將忌妒視為是猜忌與計較的情感，休謨並不將忌妒視為是全然負面的事物。在〈論悲劇〉（*Of Tragedy*）當中，休謨雖然將忌妒視為是情人之間的一種猜疑、比較的負面情感，但是缺少了它，愛情也會失去光彩。他指出，忌妒雖是一種痛苦的情感（painful passion），然而少了它，愛情那動人的強度與激越就難以持續。[41] 但是休謨也強調，過度的忌妒會使愛火熄滅，過多的苦難亦使人麻木。[42] 因此，忌妒在此獲得了一種兩面性，它雖然是一種痛苦的負面情感，但

---

[40] *Enquiry*, pp. 184-185.

[41] Hume, D. (2006). "Of Tragedy," in *Essays: Moral, Political, and Literary*. New York: Cosimo Classics, p. 222.

[42] *Essays: Moral, Political, and Literary*, pp. 224-225.

是適當比例的忌妒,反而能突顯出愛情的激越,就如同悲劇中適度的苦難,同樣具有讓人的情操獲得昇華與淨化的效果。

此外,休謨也將忌妒視為是一種與人爭勝、競爭的情感,這也不全然是負面的。在他的政治歷史論文中,他經常以忌妒來表達國家與國家之間競爭的情感,例如在〈論權力平衡〉(*Of the Balance of Power*)中,休謨談到古希臘城邦之間的戰爭,經常是由一種「忌妒的競爭」(jealous emulation)的情感所驅策。[43] 因此,從休謨這些著作中對於忌妒一詞的使用看來,休謨似乎也賦予它某些正面的意涵,它不僅是負面消極的猜忌,更是正面積極的仿效與競爭,是一種使人迎頭趕上的驅力。

總結休謨在眾多著作中對於 jealousy 一詞的使用,我們可以發現,休謨所謂的忌妒是一個多義的概念,不過,我們大致上可以將他所說的忌妒視為是一種基於人們彼此之間擁有的資源、能力、成就、愛情等等特性上的差別,因而產生的猜忌心、比較心與競爭心。忌妒因此不全然是負面的情感,忌妒也有正面的意義與地位。

(二)忌妒概念的重構

由於休謨本人並沒有直接探討忌妒的概念,因此我們除了透過以上的上下文的重新詮釋,來考察他的忌妒概念的意

---

[43] Hume, D. (2006). "Of the Balance of Power," in *Essays: Moral, Political, and Literary*. New York: Cosimo Classics, pp. 339-340.

義，我們還可以透過與忌妒相近的概念，進一步理解忌妒的意義，這部分就屬於一種意義的重構。透過概念的重構，我們可以更加理解正義作為忌妒的美德的意義。

在休謨探討的所有情感當中，羨妒（envy）是一種與忌妒最接近的情感。在休謨的定義下，羨妒乃是被他人的愉悅所引發，並經過與他人比較之後導致自我觀感的減損。[44] 因此，羨妒可以說是一種見不得他人好的酸葡萄心理。

在〈論品味的標準〉（*Of the Standard of Taste*）一文中，休謨將忌妒與羨妒合在一起，他說：羨妒與忌妒在人的小圈子內是如此之多，與他人的熟識也會減損對其表現的讚譽。[45] 在休謨看來，「親近生狎侮」是放諸四海皆準的人性原理，與人越親近，其比較心就更強烈，羨妒與忌妒之情就越易孳生。

休謨認為值得注意的是，羨妒雖然起於他人相較於我的優越性（superiority），但我們之所以羨妒他人，並非因為我們遠遠不如他人，相反地，正因為我們差距不是如此之大、彼此具有接近性（proximity），因此我們才產生羨妒之心。[46] 這個道理很簡單，正因為羨妒是一種比較的情感，當兩者的差距過大、沒有共量的可能性時，兩者之間不會產生羨妒的情感。

---

[44] *Treatise*, p. 377.

[45] Hume, D. (2006). "Of the Standard of Taste," in *Essays: Moral, Political, and Literary*. New York: Cosimo Classics, p. 233.

[46] *Essays: Moral, Political, and Literary*, pp. 377-378.

休謨更進一步指出羨妒背後的認知能力的運作。他認為，兩造之間之所以能產生相互比較的可能，在於兩者具有相似性（resemblance）或接近性，而透過人類的想像力（imagination）的運作，人們會傾向於將兩者聯結在一起，進而產生一種比較的情感。[47] 由於休謨所談的羨妒與忌妒是非常相近的情感，因此我們也可以假定這些基本原理也適用於忌妒的情感。

　　根據以上的考察與重構，我們可總結休謨對於忌妒的觀點：首先，忌妒是一種與他人相比較的情感；其次，忌妒的比較標的是我與他人身上的種種特性，例如彼此擁有的資源、能力、性情、成就、愛情等等；其三，忌妒作為一種與他人較量的情感，有其負面性，也有正面的競爭、爭勝的意涵；其四，忌妒不只是盲目的情感衝動，它需要想像力這種認知能力的輔助，才能夠將具相似性與接近性的觀念聯結起來。其中第四點是相當關鍵的一點，因為透過想像力的運作，我們才可能產生忌妒與羨妒的比較心，但同時，也因為這種想像力的運作，我們既與他人相較量，同時也會產生所謂的同理心（sympathy），而同理心正是使得人的忌妒情感得以提升成為正義的美德的樞紐。

　　從休謨的角度來看，猜忌、忌妒、較量、分別心、羨妒這些情感構成了正義的道德心理學的重要元素。但是，若只是任由忌妒與羨妒的情感不斷滋生與燃燒，人類的社會也終

---

[47] *Essays: Moral, Political, and Literary*, p. 378.

將不可能。因此，休謨需要另一個機能作為中介，將人的利己心與共同利益感結合起來。這個中介的機能就是同理心。由於同理心的發揮作用，正義才能成為一種發乎忌妒心的美德。

（三）同理心作為樞紐

透過以上對於忌妒與羨妒的探討，我們可以比較完整地把握休謨所謂的正義乃是忌妒的美德的說法。從休謨的人性觀點出發，他認為人的本能是利己的，因此當人處在社會之中，必定會因為彼此掌握的資源與能力的差異，而產生比較與競爭的忌妒之心。

但是，如此的忌妒情感如何能提升為一種美德？換言之，一種追求自利的本能如何進階為一種對於公共利益的關切？休謨認為，這中間的關鍵就是同理心：

> 人們從經驗中發現，他們依己意而行的自私與吝嗇，使他們完全無法活在社會之下；但同時，他們也發現，社會的存在對於他們滿足自利的情感卻是必要的，他們就自然地導向於接受這些規則的約制，以使他們的商業更為安全與便利⋯⋯。因此，利己乃是正義制度的原始動機，但是對於公共利益的同理心，乃是道德稱許的來源，同理心使我們通達這個美德。同理心的原理雖不足以控制我們的情感，但仍有足夠的力量影響我們的品味，而給予我們稱許與責難的情感。[48]

---

[48] *Essays: Moral, Political, and Literary*, pp. 498-499.

從這段文字中，休謨很清楚地將同理心當作人們從自利上達到公共利益的考量的重要中介。儘管利己的動機是正義的起源，但是正義能夠成為一種美德，必須仰賴同理心的作用。

關於同理心，休謨並非把它當作是如同忌妒、愛恨之類的情感（passion），他將同理心是為是一種「想像力的傾向」（propensity of the imagination）。[49] 人因為有想像力，所以能基於相似性、接近性而將兩件事物或觀念聯結在一起。舉例來說，當我看到他人承受病痛時，基於觀念的聯結（我們都是人、我們有類似的心智、我們都會感受痛苦等等），因此我很容易地產生一種設身處地、與他人同感的傾向。同理心正是想像力運作之後的一種傾向，其作用是附屬在想像力這項重要的認知能力之下。透過想像力的運作之後，我們在心中產生了觀念的聯結（我與他人之間的聯結），然後這個聯結出的新觀念就在我們心中產生了情感的反應，例如，在見到他人病痛後所滋生的同情與不捨。

但是，休謨不認為我們對於社會的福祉、公共利益有任何直覺的情感，我們的自然情感只侷限在我們自身以及我們周遭的親友。儘管如此，透過想像力所產生的同理心的傾向，我們雖無法對社會有那麼深切的關懷，但是同理心將我們從自我超拔出來（far out of ourselves），讓我們與他人感

---

[49] *Essays: Moral, Political, and Literary*, pp. 224-225.

受與他人同樣的快樂與不快。[50] 因此，休謨認為，由於有同理心，所以我們才能針對同一件事物產生同樣的讚許與譴責之情，我們對於一件不正義的事情，才會產生共同的譴責之情，而產生一種共同利益感。

不過，如前面的引文，休謨雖然重視同理心對正義美德的貢獻，但是他也承認，這種同理心是相對微弱的，它無法支配人類強烈的利己心，只能修正與引導人的道德情感。因此休謨並沒有因為對於同理心的重視，就跳入人性天生慈善的立場，基本上，休謨只確信，人天性自利，但由於同理心的運作，使得人類社會與正義制度仍舊得以可能。

在休謨的道德心理學的考察之下，我們看到了利己的動機如何逐步地提升至對於公共利益的關切。他認為，儘管這種情感的進步（progress）是自然而然的，甚至是必然的，然而它必須透過正義的人為制度，才能在人類社會中確保和平，並且在人心中創造一種對於正義的尊重（esteem for justice）與對於不正義的厭惡（abhorrence for injustice）。[51] 總的來看，休謨採取的是一種情感主義的正義觀，他認為正義的基礎不是理性，而是情感。從他的角度來看，任何試圖從抽象與形式的理性出發的正義觀，都將注定失敗。正義的基礎在於人類忌妒的自利天性，忽略這項人性基本事實的正義理論將會是蒼白無力的。

---

[50] *Essays: Moral, Political, and Literary*, pp. 578-579.

[51] *Essays: Moral, Political, and Literary*, p. 499.

六、休謨的挑戰

關於正義的理論，休謨提出了許多對傳統觀點的挑戰。在休謨冷靜的眼光下，他一一拆解了正義的神聖面紗。傳統以來，正義被視為是政治社會最重要的美德，而基礎是客觀而神聖的。在這種觀點之下，正義感是一種利他的良善天性，但是在休謨的分析之下，人們追求正義的原初動機，不是利他的慈善心，而是關切自身利益的天性，正義也絕非天生的美德，而是一種人為的美德。

休謨要求我們設想，如果人真的天性慈善，那為何會產生正義這種忌妒的美德？如果自然世界如同伊甸園一般物產豐饒，人類又何須正義這種戒慎的美德？休謨要求我們放棄過度理想的、不切實際的人性學說，並從人類已知的經驗事實出發，以一種自然主義的方式解釋人類的本性與自然的環境。休謨相信，當我們從人性與自然的事實出發後，我們會肯定，正義乃是因為人類身處在一個資源匱乏的世界，加以人類自私自利的天性，才出現的人為制度。

休謨這種自然主義的思考方式，對於我們當代的正義理論有著很深的影響。他要求我們放棄臆想與猜測，並要求我們在建立理論之前，並須掌握人性與自然的基本事實，否則這種正義理論將是不可信也不可行的。這個觀點對於當代的羅爾斯（John Rawls）影響甚深。因此，羅爾斯在建構他的正義原則之前，先探討了他所謂的「正義的環境」（circumstances of justice），也就是在探討正義原則之前，

先釐清正義的「客觀環境」（objective circumstance）與「主觀環境」（subjective circumstances），這兩者完全就是休謨所說的自然與人性的事實。[52]

在休謨的挑戰之下，正義不再是一個客觀的鐵律，而是隨著自然環境與人性心理的條件下形成的人為協定。正義從崇高而絕對的神壇上走了下來，進入了人類忌妒愛欲的戰場。正義的本質是脆弱的，它如同一個拱頂結構，需要世世代代的人們共同協力，才能確保它的穩固。但這都無損於正義的基本價值，在休謨心中，正義有著超越個人私利的公共利益，正義提升了人類的道德情感，因而是一個雖然忌妒，但卻又無可否認的美德。

---

[52] Rawls, J. (1999). *A Theory of Justice*. Cambridge, Massachusetts: Harvard University Press, pp. 109-112.

第三章

虛榮正義 —— 盧梭[*]

一、前言

　　法國大革命的精神導師盧梭（Jean-Jacques Rousseau, 1712-1778），生於日內瓦的鐘錶匠家庭，終生未受過正式教育，卻能自學有成，留下了涵蓋哲學、政治、音樂、植物學、文學、戲劇、語言學、自傳等主題的傲人著作遺產。盧梭逝世至今雖已兩百多年，其影響力卻不曾稍歇。

---

[*] 關於盧梭的著作，法文版參考的是 Éditions du Seuil 版的 *Rousseau: Œuvres complètes*；英文版部分，參考的是 Gourevitch 翻譯的兩本劍橋版的盧梭作品集 *The Discourses and Other Early Political Writings* 與 *The Social Contract and Other Later Political Writings*，以及 Bloom 翻譯的 *Émile*、Kelly 翻譯的 *The Confessions*；中文版則參考李平漚翻譯的《盧梭全集》（但是，因為本章的翻譯也參酌了法、英版的用語，因此跟李平漚版的用語略有不同）。

他啟發了無數的思想家與行動者,他充滿熱情與召喚力道的語言感染了一代又一代的靈魂。

年少離家的盧梭,一路遊歷至巴黎,1750年以彗星之姿拿下第戎科學院的論文首獎,一躍成為巴黎文藝圈的寵兒,之後雖然受到政治與宗教勢力的迫害,仍持續不斷筆耕,直到他逝世於巴黎近郊為止。由於他對於法國大革命的啟發,他的靈柩至今安奉在巴黎的萬神殿,其上銘刻了一句話:「此處安息了一位自然與真理之人」(*Ici repose l'homme de la nature et de la vérité*),以做為他一生擁抱自然、追求真理的寫照。

受盧梭影響的人之中,最著名的就是康德。康德深深喜愛盧梭的著作,甚至因為耽讀盧梭的著作,而遺忘了他如機械般準時的午後散步。康德更將盧梭比喻為道德世界裡的牛頓,因為牛頓發現了自然世界的規律,而盧梭發現了人性與道德的規律。[1] 盧梭思想的原創性與穿透力可見一斑。盧梭的思想遺產雖然多重而複雜,但無論如何,眾人會同意的公約數是:盧梭是一個批判不平等現狀、關注人類自由的思想家。

基本上,盧梭的問題意識相當清楚,以他自己的話來說,就是揭露「人天性善良,而制度本身使人轉為邪惡」的事實。[2] 他認為,自然狀態下的人性,質樸單純,但是因為

---

[1] 關於盧梭對於康德的啟發與影響,請詳見第四章第三節的討論。

[2] Rousseau (1995). "Letter to Malesherbes," in *The Confessions and Correspondence, Including the Letters to Malesherbes*. Translated by C. Kelly. Hanover and London: University Press of New England, p. 575.

社會的群聚特質,使得人類的天性產生質變,人類變得虛榮、驕傲與浮誇,進而產生種種不平等的社會制度,變本加厲地剝削底層的人民。然而,盧梭對於種種社會之惡的揭露,只是一種批判性的負面書寫,在他的著作中同時也包含了解決社會之惡的正面書寫。[3] 因此,盧梭所要回答的問題,不僅僅文明如何敗壞人性,也包括了我們重新提升人性的可能。而這個提升人性的可能,就來自於正義的建立。對盧梭來說,正義是加諸在失控人性上的人為枷鎖。這個透過社會契約加諸在眾人身上的約束,與不平等下的剝削鐐銬全然不同,因為在正義的政治與社會制度之下,人類將獲得一種自然狀態所沒有的自由:政治與道德上的自由。人類因而從一種野蠻而孤立生存的自然狀態,進入了共存共榮的政治狀態。

在這個轉變的過程中,盧梭探討了原本使人類敗壞的虛榮情感,如何轉變成一種追求人人平等的動力。在盧梭的道德心理學中,人類虛榮的尊己心存在著惡性與良性的兩面性。從惡性的層面來看,尊己心可以成為踐踏他人尊嚴、剝削他人價值的惡性情感,它因而成為不平等的起源。但是,從良性的層面來看,尊己心也是人類榮譽感與驕傲感的來

---

[3] 盧梭的相關著作大致可以區分為兩大部分,第一部分是以文明敗壞論為主軸的負面書寫,包含了他知名的兩篇論文:《論科學與藝術》(*Discours sur les sciences et les arts*) 與《論人與人之間不平等的起因和基礎》(*Discours sur l'origine et les fondements de l'inégalité parmi les hommes*)。第二部分,則是盧梭試圖挽救人性、提升人類處境的正面書寫,他的《社會契約論》(*Du Contrat Social*) 與《愛彌兒》(*Émile*) 是最主要的代表。

源,它更是我們不願居於他人之下的平等意識的原初來源。在盧梭的社會契約與普遍意志之下,一群虛榮而驕傲的人民,共同營造了一個讓各自的愛己心與尊己心能夠共存的共同生活。在盧梭的觀點下,正義感是虛榮的,它代表著人類不願受他人擺布、不願落於他人之後的比較情感。而這個出於尊己心的虛榮情感,在眾人的集體合意之下,反而能開出一種兼顧自由與平等的正義制度。

本章第二節將首先探討盧梭的負面書寫,尤其是他在《論科學與藝術》所奠定的文明敗壞論,以及他在《論不平等》對於社會之惡的系譜考察,尤其是他以獨到的洞察力,一路由人類的野蠻時期追溯起,逐步分析人類社會不平等的誕生。

第三節則是探討盧梭三個最著名的道德心理學概念:愛己心、憐憫心與尊己心。在盧梭看來,人類在野蠻的自然狀態時,生而具有愛己心與憐憫心,但是一進入群聚社會後,個人的愛己之心在與眾人較量之下,開始質變為尊己心。在盧梭的負面書寫中,尊己心幾乎是一切人類不平等的初始來源。但是,在盧梭的研究社群中卻一直忽略了尊己心的正面作用,因為尊己心同時也是人類共同接受平等的社會契約的重要心理動力。

第四節則將焦點轉向盧梭的正面書寫。盧梭認為,當人類進入群聚社會後即產生相互比較的尊己心,當這種互相競爭的情感失控之時,就開始了人與人之間的傾軋與爭端。

而盧梭採取的解決之道，就是透過共同的社會契約，建立一個平等的共同體，為人性套上枷鎖。這個人為的與新設的枷鎖，就是正義的由來，其根據是來自於立約者的普遍意志。

第五節則進一步討論盧梭最具創見的普遍意志的學說，我們將進一步探討普遍意志的形成與特性，以理解為何普遍意志可以做為正義的來源。最後的第六節總結了盧梭的正義理論，它是一種追求共善的政治想像。

二、盧梭的負面書寫

十八世紀啟蒙運動在歐洲如火如荼展開之時，眾人皆謳歌科學與理性帶來的各種文明成就與道德進步。在法國，鼓吹啟蒙理性最力的，就是與盧梭交好的百科全書派的哲學家。但是盧梭卻獨排眾議，強力質疑科學與理性對於人類道德進步是否真有助益。他所寫下的《論科學與藝術》就是一個對於啟蒙理性的大問號，此篇論文亦奠定了盧梭的文明敗壞論的基礎。盧梭文明敗壞論的基調，正如同他在《愛彌兒》中知名的開場白所說的：「萬物在離開造物主之手時都是善的，落入人之手就開始敗壞了」[4]。

《論科學與藝術》為盧梭奪下第戎科學院論文首獎，使盧梭一夕成為巴黎藝文圈的寵兒。但是在成名之後，盧梭並未被虛名沖昏頭，他接著以《論不平等》大膽寫下了對於

---

[4] Rousseau (1979). *Émile, Or on Education*. Translated by A. Bloom. Basic Books, p. 37. （後簡稱 *Émile*）

種種社會不平等的嚴厲批判。在他的眼底，當時的歐洲社會是一個充滿剝削與壓迫的世界。他直探核心，以先知般的洞見指出，這一切的不平等都起始於私有財產的制度。盧梭如此描述不平等發生的系譜：人類雖然生而自由，但在創設私有財產制之後，日積月累下，彼此間開始區別出了富人與窮人，富人更進一步掌握政治權力，以鞏固自身階級的統治地位，因此人類社會成為有權力的強者凌駕無權力的弱者的世界，最後，人類社會更進一步惡化為主人宰制奴隸的世界，弱者連最後一絲的自由也蕩然無存。

這兩篇論文對於文明社會的悲觀批評，構成了盧梭的負面書寫的基本內涵。以下將分別探討盧梭這屬於負面書寫的兩論文，並且進一步釐清盧梭對於野蠻與文明、返古與進步的真正看法。

（一）文明敗壞論

在《論科學與藝術》中，盧梭反思了究竟科學與藝術的進步是否同時帶來了人類風俗與道德的提升。在以自然為師的盧梭心中，文明不僅沒有陶養人性，反而敗壞了人性。首先，盧梭臆想了人類在前科學時代的心靈。他認為，在科學與人類藝術尚未萌芽之時，人類的風俗或許粗獷，但卻很自然不造作，人心雖端純質樸，卻無意為惡。但是時至今日，儘管人們的衣著越來越講究，說話越來越文雅，處處講究禮貌，但是人與人之間更多了虛偽狡詐，人被迫違背自己的天性、不敢真實做自己，因此其結局是真誠的友誼沒了，對人的真心敬愛沒了，深厚的信任感也沒了，在謙讓的外貌下，

人與人之間卻彼此猜忌、互存戒心、彼此冷漠、互相仇恨與背信忘義。[5]

以上的論斷只是盧梭的個人意見。是否文明真的敗壞了人性？盧梭仍需要進一步的佐證。為了證實他的臆想，他以兩種論述策略陳述了他的否定意見。第一種策略是回到歷史上真實的國家興衰的案例，以實證的例子否定科學與藝術對人心風俗的價值。第二種論述策略則是回到科學與藝術的本質上，質疑其本身內在的價值。

《論科學與藝術》分為兩部，盧梭在論文的第一部採取了歷史例證的策略。他認為，在人類的歷史上，「隨著我們的科學和藝術的日趨完美，我們的心靈便日益腐敗……我們發現隨著科學的光輝升起在地平線上，我們的道德便黯然失色了」[6]。在他看來，人類的科學與文明越昌盛，人性的高貴之處就日益蒙塵。

盧梭從埃及與歐洲的歷史發展中，引證國家的興衰過程與科學藝術發展的相關性。他舉了三個最顯著的例子：埃及、古希臘與羅馬帝國。這三個國度都曾經是當時最興盛的文明，其科學與藝術的成就都傲視群倫，但是在其文明達到頂峰之後，國勢便開始衰敗。[7] 以盧梭個人最熟悉也最喜歡

---

[5] Rousseau (1997a), "Discourse on the Sciences and Arts," *The Discourses and Other Early Political Writings*. Translated by V. Gourevitch. Cambridge: Cambridge University Press, I, pp. 7-8.（後簡稱 *Sciences and Arts*）

[6] *Sciences and Arts*, I, p. 9.

[7] *Sciences and Arts*, I, pp. 9-10.

引證的羅馬帝國史為例,他認為,在羅馬人的科學藝術發達以前,羅馬人都是厲行美德的,但是當眾人將精力都消磨在科學、藝術與雄辯術上,羅馬滿街都是哲學家與演說家,但弔詭的是,人們開始研究美德以後,美德反而全都消失了。[8]

盧梭在論文的第二部,則採取另一種論述策略,他從科學與藝術的源流發展中,檢視科學與藝術的內在價值。他首先質疑了科學的出生血統。他認為這些科學發展都是出自墮落的動機,而其成就自然也會導致更墮落的結果:

> 天文學誕生於人的迷信,雄辯術是由於人們的野心、仇恨、諂媚和謊言產生的,數學產生於人的貪心,物理學是由於某種好奇心引發的。所有這一切,甚至道德本身,都是由人的驕傲心(pride; *orgueil*)產生的。[9]

但是就算這些科學的發展起源是來自墮落的動機,不代表其最終的成就也必然是墮落的,一個事物的起源跟這個事物本身的價值是兩件不同的事情,如果妄自連結兩者間的因果關係,盧梭恐怕會犯下「起源的謬誤」(genetic fallacy)。為了避免這個謬誤,盧梭進一步探討了,這些科學與藝術的成果到底如何在現實社會中敗壞人心。

盧梭認為,科學與藝術的存在,滋長了人的閒逸與虛榮(vanity; *vanité*),使人互相競逐奢侈的生活,而科學與藝

---

[8] *Sciences and Arts*, I, p. 13.

[9] *Sciences and Arts*, II, p. 16.

術和奢侈之間更具有相互加強的效果，沒有科學和藝術，奢侈之風就很難盛行，而沒有奢侈之風，科學和藝術也無由發展。[10] 而當人們生活中的逸樂享受越來越多，藝術一天比一天完美，奢侈之風到處蔓延的時候，人的勇敢精神便被消磨了，軍中的士氣便瓦解了，國勢必然衰微；盧梭認為，這一切，都是人們在陰暗的實驗室搞科學和藝術所造成的結果。[11]

盧梭也強調，自從科學與文藝復興以來，我們確實創造了許多物理學家、幾何學家、化學家、天文家、音樂家、畫家與詩人，但就是沒有創造真正的公民（citizen; citoyen）。[12] 在盧梭的心目中，一個國家的強盛與否是繫於公民的美德與愛國心，而奇技淫巧的科學與藝術無助於公民美德的陶養，反倒敗壞了人們的判斷能力，讓人學會了詭辯的技能，進而混淆了真理與謬誤，使人分不清真偽。[13]

假若科學與藝術的毒害如此嚴重，我們該如何解決？一舉毀壞既有的文明典章嗎？在《論科學與藝術》中，盧梭並沒有提出具體的答案，他只提出了一個絕望下的籲求：

全能的上帝啊！你手中掌握著人的心靈，快把我們從我們父輩的論調和害人的藝術中解救出來，把無知、

---

[10] *Sciences and Arts*, II, p. 18.
[11] *Sciences and Arts*, II, pp. 20-21.
[12] *Sciences and Arts*, II, pp. 23-24.
[13] *Sciences and Arts*, II, p. 22.

天真和貧窮還給我們，只有它們才是唯一能使我們幸福和受到你的珍視的財富。[14]

因此，盧梭在《論科學與藝術》中的論述完全是一種負面書寫，是一種對於既有文明秩序的批判，但是卻沒有提出建設性的出路。在盧梭的論述中，由科學與藝術堆砌出的文明，反而加強了人與人之間的尊己心與奢侈風俗，而盧梭後續發表的《論不平等》更進一步強化了他對於人類的尊己心、比較心的批判，他甚至認為這種惡性的情感是一切社會的惡的根源。

（二）高貴的野蠻人

與《論科學與藝術》中籠統的文明批判相比，《論不平等》更直指人類社會制度之惡的核心，也就是人類之間總總的不平等現象。盧梭區分了兩大類的不平等，一種是自然的不平等，另一種是道德或政治的不平等。前者是一種出於自然造成的年齡、健康、體力與心理特質的差異，而後者則是一種人為的不平等，它造成了人與人之間不同的特權（例如擁有更多財富、榮譽與權力的人得以迫使他人服從），而盧梭的目的就是要揭露與批評這種人為的不平等。[15]

---

[14] *Sciences and Arts*, II, pp. 25-26.

[15] Rousseau, J. (1997a). "Discourse on the Origin and Foundations of Inequality Among Men," in *The Discourses and Other Early Political Writings*. Translated by V. Gourevitch. Cambridge: Cambridge University Press, p. 131. （後簡稱 *Inequality*）

為了探究人類不平等的源起，盧梭認為我們必須回溯到人類的前社會的自然狀態，也就是所謂的野蠻人（savage; *sauvage*）的階段。盧梭認為，過去哲學家們自以為描述的是自然狀態的野蠻人，其實他們所說的都還只是文明社會下的文明人。盧梭認為，真正的自然狀態下的野蠻人，應當是一個連語言都尚未誕生的前家庭的孤獨存在狀態。盧梭臆想了野蠻人的初始階段：人類的高階心智能力尚未發展，只具備關心自身生命存續的本能，因此野蠻人只有食物、居所、睡眠、性等等的基本欲望。

此時的人類獨立自持，雖無細緻的品味與理性，但基本上是無害而滿足的動物。盧梭認為，這種自然狀態中不會有所謂正義（just; *juste*）與不正義（unjust; *injuste*）的觀念，因為野蠻人不會有如此的觀念，正義與不正義的區別完全是社會的產物。此外，野蠻人也不會有財產權的觀念，因此所謂私有財產權作為一種自然權利是有問題的，私有財產制度同樣地也是社會的產物。第三，在自然狀態中的野蠻人也不會有強者統治弱者的觀念，因為權威（authority; *autorité*）與政府（government; *gouvernement*）亦是文明興起後才有的觀念。[16]

不過，此階段的野蠻人與禽獸亦有相當差異，因為人類是自由的行動者（free agent; *agent libre*），而禽獸只能遵照動物本能，所以人類會有追求自己想要的事物的自由意志；此外，人類還具有一種強大的潛能，也就是自我的完善能力

---

[16] *Inequality*, p. 132.

（perfectibility; *perfectibilité*）。[17] 單憑這些人類的本能，人就具有在自然狀態中生存所需的一切本領；至於我們現今社會生活中的種種才能，那是在人類有了理性（reason; *raison*）之後，才開始建立的。[18]

因此，盧梭的人性論後來被稱為一種「高貴的野蠻人」（noble savage）的人性想像。在他的描述下，人類的野蠻時期雖然欠缺精緻的情感，但也沒有文明人的種種惡性情感：

> 野蠻人的欲望的衝動是那樣的少，加之又受憐憫心的有益制約……他們不知道何謂虛榮（vanity; *vanité*），不明瞭何謂關心（consideration; *considération*），不懂什麼是尊重（esteem; *estime*），也不會有輕蔑（contempt; *mépris*），也沒有你的（thine; *tien*）與我的（mine; *mien*）的概念，也沒有真正的正義觀念（idea of justice; *idée de la justice*）。[19]

在真正的自然狀態中的野蠻人，沒有語言、家、戰爭、勞動、人際關係，既不需要別人，當然也不需要傷害他人。因此，在自然狀態中，沒有所謂的不平等。但是人在逐漸進入社會生活的過程中，發展出語言與理性，這些能力滋養了人的虛榮與驕傲，進而促使人們積累財富與權力，這才是社會不平等的源起。

---

[17] *Inequality*, I, pp. 140-141.
[18] *Inequality*, I, pp. 149-150.
[19] *Inequality*, I, p. 154.

（三）不平等的誕生

盧梭認為，當野蠻人進入了群聚生活，開始了種種的社會互動，人類就已經踏上了不平等的道路。將人類導向不平等的力量有兩股，一種是人類精神的內在轉變，另一種是人類制度的外在壓迫。

在人類的精神層面，盧梭區分了兩種情感，一種是人類天生而有的愛己心（self-love; *amour de soi*），另一種是進入社會才有的尊己心（pride; *amour-propre*）。愛己心是一種自然的情感，它使人關注自我生存與自身的福祉。尊己心則是一種人為的、進入社會才有的情感，它驅使每個人追求比他人更高的尊榮，也驅使人製造種種加諸他人身上的傷害。[20] 在盧梭看來，人類天生的愛己心在進入社會之後，開始產生內在的質變，從單純的關注自身，轉變成隨時與他人較量的尊己心，從原本中性的自然情感成為惡性的情感。這種人類精神面的內在轉變，是導致不平等現象的重要原因之一。

人類不平等的另一股力量，則是人類社會下的種種壓迫制度。盧梭在《論不平等》第二部探討了人類如何創設了種種的法律制度，而這些制度又如何地鞏固與強化不平等的現象。首先，盧梭論述了野蠻狀態下的人類，藉由其自由的能動性，以及自我完善的能力，不斷地提升自身的各種能力，最後甚至產生了野蠻人從未有過的私有財產制度：

---

[20] *Inequality*, Notes, p. 218.

> 誰第一個把一塊土地圈起來,硬說「這塊土地是我的」並找到一些頭腦十分簡單的人相信他所說的話,這個人就是文明社會的真正締造者。[21]

接著,在人類發展了語言、理性逐漸開化並進入家庭與社會的群聚生活後,人類基於需求更進一步地發明了許多工具,因此,原本的野蠻人就因此獲得了更多的閒暇,並把這些閒暇用來享受人類先祖未曾有過的舒適生活,然而這種舒適生活便成為人們的第一道枷鎖,人們的精神與身體因此而削弱。[22]

在盧梭看來,冶金與農耕這兩種技術的發明,表面上帶來人類社會巨大的變革,使人走向精緻的文明,但事實上,這些科技的發明也同時製造了更多墮落的奇技淫巧。[23]接著,由於土地的耕耘,必然會導致土地的被分割佔據,進而鞏固了私有財產制,而私有財產一旦被承認,初期的正義規則便隨之產生。[24]進入了初期的文明社會後,人類的能力都獲得了發展,記憶力與想像力開始活動,虛榮心樹立起來了,理性也活躍起來了,心智幾乎已經到達了完善的地步。[25]

進入文明社會之後,人類透過私有財產制,確立了富

---

[21] *Inequality*, II, p. 161.
[22] *Inequality*, II, pp. 164-165.
[23] *Inequality*, II, p. 168.
[24] *Inequality*, II, p. 169.
[25] *Inequality*, II, p. 170.

人與窮人的區別。而人的尊己心與貪婪也隨著理性而同時滋長，因此產生人與人之間的掠奪與征戰。為了避免戰爭，富人說服了眾人形成了有公權力的政府，把眾人的力量集合成一個最高的權力，建立法律，並確保每個人都能鞏固其所有權。盧梭認為，社會和法律就是這樣起源的。它們給弱者戴上了新的鐐銬，使富人獲得了新的權力，並摧毀了人類在野蠻狀態下的自然自由，制定了保障私有財產和承認不平等現象的法律，把巧取豪奪變成一種權利，迫使所有的人終日勞苦，陷於奴役和貧困的境地。[26]

因此，在盧梭看來，人類社會中的不平等現象歷經了三階段的歷史發展：在第一階段裡，人們透過私有財產制與法律的制定，確保了富人與窮人的地位不平等；在第二階段，人們透過行政官與統治者的設置，確保了強者與弱者的地位的不平等；最後的第三階段，統治者則是將正當的權力轉變為專制的權力，將人與人的關係變成了主人與奴隸的不平等關係。在這個最後階段裡，人類社會的不平等現象到達了頂點。[27]

在不平等的最高峰時，出現了踐踏法律，蹂躪人民的專制暴君，屬於人民的領袖與法律已經不復存在。到了這個時候，善良的風俗和美德已經蕩然無存，因為到處都是暴君在統治，在這種體制下，絕對的盲目服從，被視為是奴隸們最

---

[26] *Inequality*, II, pp. 173-174.

[27] *Inequality*, II, p. 182.

好的美德。盧梭認為，到了這個地步，就是不平等的最終階段。專制暴君的權位需要靠暴力維持，而要推翻他，也同樣要倚靠暴力，人類社會就陷入不斷的革命循環。[28] 因此，盧梭對於人類社會的演變似乎是悲觀的，他在此也沒有提出一種擺脫剝削與壓迫的新可能。

從《論不平等》的負面書寫來看，盧梭似乎並不認為進入政治社會的文明人在道德上有任何的進步，事實上反而墜入更深的敗德與失序。歷來對於盧梭學說經常出現的誤解，是將盧梭詮釋為返古主義（primitivism）的支持者，也就是透過對於「高貴的野蠻人」的謳歌以及對於現代文明的批判，提出一種返璞歸真、回到前現代社會的政治想像。事實上，盧梭本人已經很清楚地指出，他的目的並不是要回到前社會階段的人類。在他的正面書寫中，他開始提出改良社會的不平等、杜絕政府的專橫殘暴的新可能，也就是透過社會契約的方式，建構一個平等的共同體。

三、盧梭的道德心理學

在盧梭的道德心理學中，有三種最重要的情感，它們在人類的道德發展過程中都扮演了核心的角色。第一種是人類天生而有的愛己心（self-love; *amour de soi*），愛己心讓人關注自己的福祉，是一種確保人類自我生存的本能。第二種情感也是人類生而有之的情感：憐憫心（pity; *pitié*）。人類的

---

[28] *Inequality*, II, pp. 185-186.

愛己心關注的只有自己，對於他人則漠不關心（除非他人危害到我的生存）；但是，人類的憐憫心則是針對他人的同情心，它讓人對於他人所受的痛苦感同身受。這兩種情感是天生的自然情感。

第三種情感則是尊己心（pride; *amour-propre*）。與前兩種情感不同，尊己心並非人類天生的情感，而是人類進入群居生活之後才產生的情感，它是愛己心質變之後的情感。為什麼呢？因為在一個獨立生存的野蠻狀態中，人類雖然愛自己，但卻不會有侵犯他人、與他人較量的情緒，但進入群居生活後，人類的愛己心慢慢地成為一種跟他人比較與競爭的自我情感，這就是追求虛榮與他人尊重的尊己心。盧梭認為，尊己心是一種人為的情感，它更是一切社會惡的淵藪。因為人有虛榮心，人有比較心，所以才會有種種欺詐、爭奪、浮奢、戰爭的社會惡行。

這三者構成了盧梭道德心理學的重心。為了理解正義感背後的情感基礎與情感的轉折，以下分別就愛己心、憐憫心與尊己心，進一步探討它們與道德情感的關聯。

（一）愛己心作為自我生存的本能

雖然愛己心與尊己心的原意，都是關於自我本身的愛，都是一種自愛的展現，但是兩者在起源、效果與本質上，都是不同的。盧梭在《論不平等》中要求我們必須將這兩種情感分辨清楚：

不應該把尊己心和愛己心混為一談,這兩種情感,無論按他們的本質或結果來說,都是迥然不同的。愛己心是一種自然的情感,它使所有的動物都注意自己的生存。在人類中,由於愛己心為理性所指導,為憐憫心所節制,從而產生人性與美德。尊己心只是一種相對的(relative; relatif)、人為的(artificial; factice)、而且是在社會中產生的情感,它使每一個人重視自己甚於重視其他人,它促使人們彼此間做出種種的惡(evils; maux),它是榮譽(honor; honneur)的真正來源。[29]

盧梭這段說明有三個值得注意的重點。首先,愛己心是動物本能的情感,尊己心是人類進入文明社會後才產生的情感,就起源來說,前者是自然的,後者是人為的,這是兩者極大的不同。其次,愛己心透過理性與憐憫心的引導與節制,進而產生人性與美德,其結果是良性的,但是尊己心的結果是產生種種社會的惡,其結果是惡性的。第三,愛己心使所有人類(也包含所有動物)都關注自身的生存,而尊己心並不使人關注生存的問題,而是使人重視自己在社會中與人相比的地位,就本質而言,愛己心是自我的,尊己心則是比較的。

因此,在盧梭的道德心理學中,愛己心是最為原初的

---

[29] *Inequality*, Notes, p. 218.

自愛情感，是人類在野蠻階段就已具有的生物本能。在盧梭設想中，在一個前社會的自然狀態裡，人類是一群孤獨的自我存在，彼此沒有家庭、語言與任何的社會連帶。在這種原始狀態中，人類只需要自己的生物本能就足以生存，文明人所熟悉的高階心智能力，如理性、想像力、記憶力等等，對於野蠻人的生存並沒有太大的裨益。對一個野蠻人來說，對於自我的福祉與自我的生存（preservation; *conservation*）的關心，乃是最原初的情感。[30] 這種對於自我生存的關注，就是盧梭所謂的愛己心的原型。

那麼，野蠻人是一種善良或是邪惡的動物呢？盧梭認為，在自然狀態中的野蠻人，彼此間沒有任何道義上的聯繫，也沒有什麼大家公認的義務，因此，他們既不能被看作是好人，也不能被看作是惡人，他們既無邪惡之心，也無為善的美德。[31] 盧梭的人性論與霍布斯大異其趣，因為在霍布斯看來，自然狀態下的人性是一種人人互相為敵的存在狀態，但盧梭認為，不能因為人沒有任何善的觀念，就代表人天生即為惡人，也不能因為人不知道什麼是美德，便認為人是邪惡的。相反地，盧梭認為理性與社會制度才是惡的源起。

因此，嚴格來說，愛己心在道德心理上是中性的，它不存有侵犯他人的惡意，但也沒有關愛他人的善意，愛己心純

---

[30] *Inequality*, I, pp. 151-152.

[31] *Inequality*, I, pp. 150-151.

粹就是對於自身的關愛之情，它的關注只閉鎖在自己身上。因此，盧梭才會說，愛己心是自然的、自我的。但是他也強調，透過理性與憐憫心的引導，愛己人慢慢地會對他人的處境感同身受，開始將眼光跨出自己的小世界，這時，人類才開始培養出人性與美德。因此，盧梭也宣稱，與理性和憐憫心結合之後，愛己心可以產生良性的結果。但究其本質而言，愛己心應該是中性的，它是一種只在意自我生存的自愛情感。

（二）憐憫心的道德意義

除了愛己心，盧梭認為人類的憐憫心也是一種天生的自然情感。所謂的憐憫心，就是不願看到與我們一樣的他人死亡或遭受痛苦的情感。盧梭特別強調憐憫心的重要，因為憐憫心的影響，人類天生就有一種迴避去傷害他人的傾向。憐憫心告訴我們的是：在謀求你的利益時，要儘可能不損害他人。這是一種他所謂的「天性良善的格律」（maxim of natural goodness; *maxime de bonté naturelle*），這種格律是內在於人心之中，無須教育，也無需法律規範。[32]

由於人類內心存有這種天生的憐憫心，因此盧梭相信人類是天性良善的。而憐憫心也是人類唯一天生而有的美德，憐憫心是人天生就有一種不願意看到自己同類受苦的厭惡心理，使他不至於過於為了謀求自己的幸福而損害他人，因而可以在某種情況下克制他強烈的愛己心。所以盧梭才在前面

---

[32] *Inequality*, I, p. 154.

的引文指出，人類的愛己心經由憐憫心的節制，因此才產生了人性與美德。

盧梭在《愛彌兒》更花了許多篇幅討論了人類的憐憫心。他認為，憐憫心的本質是一種相對情感（relative sentiment; *sentiment relatif*），也就是說，它是一種面對他人時才會產生的情感（相較之下，愛己心則是一種自我的絕對情感），而這種憐憫心，能夠使人走出自身（out of himself; *hors de lui*），一個人才能成為一個有感情的人。[33] 因此，在盧梭的道德心理學中，憐憫心是最重要的情感，也是一個人能成為道德人的必要條件。

除了在《論不平等》中的「天性良善的格律」，盧梭在《愛彌兒》中又列舉了憐憫心的另外三條格律：第一，人在心中設身處地想到的，不是那些比我們更幸福的人，而只是那些比我們更可同情的人；第二，在他人的痛苦中，我們所同情的只是我們認為自己也難免要遭遇的那些痛苦；以及第三，我們對他人痛苦的同情程度，不決定於痛苦的量，而決定於我們為那個遭受痛苦的人所設想的感覺。[34] 透過這些憐憫心的格律的節制，盧梭相信，人類的愛己心將不至於氾濫，而成為人類美德的基礎。

（三）尊己心與正義感

如前所述，尊己心是人類的愛己心質變後的產物。人天

---

[33] *Émile*, IV, p. 220.

[34] *Emile*, IV, pp. 221-223.

生有愛己的自利之心，這是人性的基本原理。若人類對於自己的關愛猖獗到要透過對他人的宰制與貶抑才能夠獲得滿足的話，愛己心就質變成為一種虛榮與驕傲的尊己心；但是，尊己心的存在必須先有社會的存在，沒有人類的群聚生活，人類相互比較爭勝的尊己心根本就無從滋生。盧梭認為，在人類的原始狀態中，在真正的自然狀態中，尊己心是不存在的，因為每一個人都把自己看成是宇宙中關心自己的唯一存在者，是自己才能的唯一評判人，因此，相互比較的情感是無法在人心中萌芽的。[35]

盧梭在《論不平等》中，鉅細靡遺地描述了尊己心如何在人類初始的群居生活中逐漸萌芽：

> 居住在相鄰的小屋的男女青年們，互動越頻繁，他們觀察不同的對象，不知不覺中產生了美與才能的觀念，從而產生了偏愛心，進而產生忌妒心，最溫柔的情感也會釀成流血的爭端。……隨著觀念一個一個地誕生，人的心靈和智慧也得到提高，他們越來越溫馴，彼此間的聯繫也越來越多，關係也越來越密切。他們經常在屋前或大樹下聚會；唱歌和跳舞就成了他們的娛樂……每一個人都細心注視另一個人，同時也希望自己受到別人的注視，於是，眾人的尊敬，就成了對一個人的獎賞。唱歌或跳舞最棒的人，最美、最壯、最靈巧或最善言詞的人，就成了最受關注的人：走向

---

[35] *Inequality*, Notes, p. 218.

人與人之間的不平等的開頭第一步,就是從這裡踏出;走向罪惡的深淵的開頭第一步,也是從這裡踏出的。從這些初步的偏愛心中,一方面產生了虛榮心和對他人的輕視,另一方面也產生了羞恥心與羨妒心。由這些新的禍害之源造成的風波,最終給人類的幸福和寧靜帶來了巨大的危害。[36]

在這段長引文中,盧梭很細緻地分析人類的比較心如何慢慢地滋長。當群聚生活開始後,人類開始從小細節中互相比較,互相爭奪眾人的關注。因此,尊己心的本質是一種比較的相對情感,而且既然尊己心是起於群居社會,它也是一種人為的情感,而在盧梭看來,這種追求他人關注的尊己心,更是人類走向罪惡深淵的第一步,因此它也是一種惡性的情感。

在主流的盧梭詮釋中,眾人都將盧梭的尊己心視為是一種惡性的情感。但是,盧梭的尊己心真的只有負面的效果嗎?尊己心只是將人們帶入罪惡的深淵嗎?難道尊己心沒有正面的意義與功能?

從正面的詮釋來看,尊己心並不是一種盲目的、欠缺思考的濫情。事實恰恰相反。盧梭認為「理性使人產生尊己心;而加強尊己心的,是人的反思」。[37] 因為人類有了理性,

---

[36] *Inequality*, II, pp. 165-166.

[37] *Social Contract*, I, p. 153.

所以更容易抬高自己的價值與重要，而人類更強大的思考能力，也更加強了人類的比較傾向。因此，尊己心與人類的理性發展是息息相關的。此外，在前面引文中，盧梭也宣稱尊己心同時也是「榮譽的真正來源」。因此，尊己心是人類理性與心智發展到一定高度之後才能夠產生的情感，它甚至是人類榮譽心的來源。

從以上的說明可以了解，尊己心作為一種比較心、虛榮心與榮譽感，它蘊含的不僅是一種想要勝過他人的情感，它同時也蘊含了一種「在意他人如何對待我們」的情感。而後者的這種尊己心，就與正義感產生了密切的關連。在《愛彌兒》之中，盧梭如此說明了他所謂的正義感：

> 我們原始的情感是以我們自身為中心的；我們所有一切本能的活動首先是為了保持我們的生存和我們的幸福。所以，最初的正義感（sentiment of justice; sentiment de la justice）不是產生於我們怎樣對待別人，而是產生於別人怎樣對待我們。[38]

在這段話中，盧梭很清楚地表明，正義感起源於我們在意他人如何對待我們，這種情感與尊己心的比較心是密切相關的。盧梭認為，人類在進入社會生活之後，會逐漸發展出一種「理性正義的格律」（maxim of reasoned justice; maxime de justice raisonnée），它告訴我們：你們願意他人怎麼

---

[38] *Émile*, II, p. 73.

對待自己,你們也要怎樣待他人。[39] 這種在意他人如何對待自己的情感,就是盧梭所謂的正義感,這種情感與尊己心是相當類似的。而這種對於彼此對待的關注,也是一種對於平等對待的意識。因此一路探討下來,我們可以發現尊己心、正義感、平等意識之間的相關性。

因此,盧梭的尊己心似乎也提供了一個正面的詮釋可能:人類在進入社會生活後,在與他人的比較與競爭中形成了尊己心,一個人的尊己心不僅是勝過他人的虛榮心,它也蘊含了一種不願獲得低於他人的對待的平等意識,以及在意他人如何對待自己的正義感。在人類的複雜情感中,尊己心、虛榮心、平等意識與正義感都是高度相關的比較情感。而這些比較的情感,也是人類締結社會契約,建立平等的共同體的重要情感動力。

康德是首先做出這種正面詮釋的哲學家。[40] 康德認為,一般人都誤以為盧梭的負面書寫(包括了《論科學與藝術》與《論不平等》)與正面書寫(包括了《愛彌兒》與《社會契約論》)有互相牴觸與不一致,因為前者指出人性為惡,後者卻又指出人類能夠建立良序的社會。康德認為這兩者事實上是一致的,[41] 因為人性之間的牴觸雖然造成了許多禍害,

---

[39] *Inequality*, I, p. 154.

[40] 事實上,康德的正面詮釋,長期以來都是一種少數見解。但是在近二十多年來,對於盧梭尊己心的正面詮釋越來越多,例如 Dent (1988)、Dent and O'Hagen (1998)、Rawls (2007)、Neuhouser (2008)、Dent (2008)。

[41] Kant (1900-). "Mutmaßlicher Anfang der Menschheitsgeschichte", *Kants gesammelte Schriften*. Berlin: Walter de Gruyter, AA 08: 116.

卻也促進了文化與藝術的滋長，它也是使得人類的道德自由得以可能的條件，這也就是康德所謂的人性中的「反社會的社會性」（unsocial sociability; *ungesellige Geselligkeit*）的正面功能。康德所說的「反社會的社會性」與盧梭的尊己心概念相近，它雖使人們彼此敵對，卻也同時是促進文化發展以及促使人類追求正義的重要動力。[42]

　　從這種正面詮釋的角度看來，尊己心的複雜面貌，是幫助我們理解社會契約論的重要元素。為何人們甘願套上社會契約的枷鎖？在盧梭的眼中看來，人們的動機不僅僅是要逃離剝削的暴政，更是一種追求平等共同體的理想，因為在這個平等的共同體中，虛榮而驕傲的公民們才能夠彼此共存。

四、社會契約──為人性套上枷鎖

　　儘管在盧梭較早期的負面書寫中，充滿著對於人類理性與文明制度的批判，但是盧梭並不是一位返古主義者，他所設想的人類出路並不是「棄聖絕智」或回歸無政府狀態。在他的正面書寫中，《社會契約論》提供了一套人如何成為公民的學說，他提出了一套基於平等與自由所創設出的政治制度，在這個所有人共同立約成立的政治體之下，人們雖然讓渡了自己在野蠻狀態下的自然自由，但卻換取了更為崇高的道德與政治自由。

　　相對地，盧梭同一時期的另一部正面書寫，也就是他的

---

[42] 關於康德對於此點的闡釋，請參考本書第四章第五節。

教育小說《愛彌兒》，則是提出了一個如何透過教育的方式陶養出具有美德、理性與憐憫心的自然之人，使他能面對與抵禦文明社會之惡。

在這兩部正面書寫中，《愛彌兒》突顯的是「人」的身分，而《社會契約論》則是突顯出「公民」的身分。因此，在相關的文獻討論中，經常議論這兩部作品是否有內在的衝突，究竟是應該「先成為人」還是「先成為公民」？[43]事實上，這個先後順序的辯論並不是十分重要，在盧梭心中，兩者都是建立一個所謂的良序社會的必要條件。以下討論的焦點將擺在《社會契約論》上。

（一）自由的弔詭

究竟我們如何能找到一個對治社會之惡的出路？盧梭在《社會契約論》開宗明義的第一段話，就指出貫穿其政治哲學的問題意識：

> 我想要尋找，在政治的秩序之中，能否存在一個正當而穩定的治理規則，它既接納人之本性，也盡法之所能：在這個探究中，我將一直嘗試結合權利所許可的與利益所規定的，以使正義與效益兩者不致分離。[44]

---

[43] 例如：Shklar (1985). *Men and Citizens*. Cambridge: Cambridge University Press.

[44] Rousseau, J. (1997b). "Of the Social Contrcact," in *The Social Contract and Other Later Political Writings*. Translated by V. Gourevitch. Cambridge: Cambridge University Press, I, p. 41.（後簡稱 *Social Contract*）

在這段開場白中,他清楚地鋪陳出政治生活中實然與應然的緊張關係:人之本性是實然,法之所能是應然;利益是實然,權利是應然;效益是實然,正義是應然。盧梭很清楚,在實然與應然的結合中,並非實然決定應然,也不該是應然決定實然,兩者之間是一種相互調和的關係。

在盧梭的正面書寫中,他要求我們要面對真實的人性,同時也為人性的惡性發展加上法、權利、正義的應然枷鎖。因此,盧梭緊接著就道出了他的經典名言「人生而自由,且處處在枷鎖中」(Man is born free, and everywhere he is in chains; *L'homme est né libre, et partout il est dans les fers*)[45],在他的設想中,自由與枷鎖是同時並存的,而且人必須透過自我加諸的枷鎖,才能達到真正的道德自由。但是,人如何生而擁有一種自然的自由,而且又能夠建構一個具正當性的政治制度使自己處處在枷鎖之中?我們如何既是主人又是奴隸?我們可以將盧梭這種人們既自由又在枷鎖之中、既是主人又是奴隸的詭異宣稱,稱之為自由弔詭(paradox of freedom)。[46]

對於自由弔詭的難題,盧梭本人其實是有充分意識的。他在寫給梅拉堡(Mirabeau)的書信中,明確指出「找出一種將法律加諸在人身上的政府形式」乃是政治的大難題,

---

[45] *Social Contract*, I, 1, p. 41.

[46] 柏林也曾指出盧梭思想中內在的衝突:「我們有兩個絕對的價值——自由的絕對價值以及正當統治的絕對價值,而我們無法於兩者中取得妥協。」(Berlin, 2002: 35)

而他更將這個難題比擬為如同「幾何學裡的化圓成方」。[47] 在幾何學裡，圓與方是兩個不同的屬性，兩者共存是邏輯上的不可能。由此可見，盧梭本人是相當清楚其主張的弔詭之處。盧梭認為人之「在枷鎖之中」如何發生，已不可考，但他認為自己可以證成它。[48] 換言之，盧梭相信所謂的自由弔詭乃是有解決之道的，這也正是他的政治哲學所要解決的問題。而解決的關鍵就在於他的社會契約與普遍意志（general will; *volonté générale*）的學說。

盧梭主張，在社會歷史條件的轉換中，人的自然自由轉化提升為一種全新的政治與道德自由。而這中間的轉化提升如何可能，乃是《社會契約論》的重要創見。盧梭認為，人從自然狀態進入政治狀態，從一己之善轉而接受共善（common good; *bien commun*），必須歷經匯集個別意志（particular will; *volonté particulière*）、形成普遍意志的過程。在這個過程中，人的自然自由得到提升，成為了一種道德自由，人才真正成為自己的主人。盧梭在此提出了頗具洞見的主張，純粹受偏好驅策乃是奴役，並不是真正的自由，而服從自己給自己的法則才是真正的自由。[49] 因此，在盧梭的構想之下，訂定社會契約的人們，雖然讓渡了自己天生而有的自由，但是進入政治社會後，擁有的卻是具有正當性與穩定

---

[47] Rousseau (1997b). "Letter to Mirabeau," in *The Social Contract and Other Later Political Writings*. Translated by V. Gourevitch. Cambridge: Cambridge University Press, p. 270.

[48] *Social Contract*, I, 1, p. 41.

[49] *Social Contract*, I, 8, p. 54.

性的法律下的道德與政治自由。在盧梭所構想的共和政治中，每個公民都是國家的立法者，同時也是國家的臣民，既是擁有主權的人，也是被主權所規範的人，因此是既生而自由且又在枷鎖之中。

（二）締結社會契約

人們在締結社會契約之前所擁有的自然自由，指的是人類基於自我生存的目的而做出適切安排的能力。而這個適切安排，除了包含了各種維繫生命的基本生理活動，也包含了透過協議與他人締結社會組織（例如，進入家庭或政治社會等等），當然也同時包含了拒絕與他人締結協議的可能性（例如，自願離開原生家庭、開始獨立生活，以及拒絕參與原初的社會契約，而成為非屬該國屬民的外國人）。因此，在盧梭看來，人類的種種社會性的連結，其基礎都是來自於人們自由意志下的協議行為。

舉例來說，家庭是人類最原初的社會組織，而這種社會組織的目的就是確保人類的生存，未成年的孩子在家庭的羽翼下成長，等孩子成年後，父母與親子雙方都回歸獨立的狀態，若孩子仍選擇在原生家庭中生存，這個家庭組織從原本的自然的結合變成是自願的結合，因此盧梭認為即使是家庭這樣最基本的社會單位，也是建立在人們的協議之上。這種共同協議的自由，乃是來自人的天性，因為人的第一法則就是照顧自身的生存，人最初的關切就是自己本身，當人們成年後，自己就成為確保自身生存的適切手段的裁判，人成為

自己的主人。[50] 因此，盧梭所謂的「人生而自由」就是指這種選擇確保自身生存的適切手段的能力，它是一種與生俱來的自然自由。

基於這個論點，盧梭反對有所謂天生的奴隸，如果有人生下就是奴隸，那是因為他先被以違反本性的方式奴隸了，是武力創造了第一批奴隸，而後者的懦弱使奴役狀態持續下去。[51] 因此，在盧梭看來，人類出於自由意志所制定的協議，乃是一個具正當性的社會契約的基礎，即使在家庭這種基本的社會單位也是遵循如此的原則。所以，沒有自由也就不會有具有正當性的社會契約，而沒有自由的奴隸也根本喪失了身為人的基本尊嚴，因此他指出，「放棄自己的自由，就是放棄自己做人的資格，就是放棄做人的權利，甚至就是放棄自己的義務」[52]。因此我們可以看出來，在盧梭的政治與道德哲學中，自由是一項最高的公理，所有的法律制度與社會理想都不能夠逾越這項最高原理。

而基於人們自由意志所制定的社會契約，雖然使人「處處在枷鎖之中」，但是這種自由協議下的制度性束縛，並不是一種赤裸的武力宰制，如果只是屈從於現實的武力威勢，人們所創設的制度枷鎖，將無異於盧梭在《論不平等》中所談的暴虐鐐銬。因此，盧梭在《社會契約論》中所談的枷鎖，是一個規範性的概念，是一種理想的理念。他所謂的枷鎖乃

---

[50] *Social Contract*, I, 2, p. 42.
[51] *Social Contract*, I, 2, p. 43.
[52] *Social Contract*, I, 4, p. 45.

是透過人民的意志，自己加諸在自己身上、具有正當性的約制。當人們基於共同的協議，進入政治狀態後，雖「處處在枷鎖之中」，但並不因此就放棄自由、成為奴隸。在盧梭看來，進入政治社會之後，人的存在樣態上會獲得本質上的巨大轉變：

> 人類從自然狀態一進入社會狀態，便發生一種巨大的變化：在人的行為中，正義代替了本能，從而使其行為具有了先前所沒有的道德（morality; *moralité*）；只不過，在義務的呼聲（voice of duty; *voix du devoir*）代替了生理的衝動、權利代替了貪欲的時候，先前只關心自身的人才發現，自己今後不得不按照其他的原則行事，亦即：在聽從他自己的愛好（inclinations; *penchants*）驅使前，先要諮詢其理性。儘管在這種狀態中，人失去了自己從自然界中得到的好處，但人也得到了許多巨大的收穫：人的能力得到鍛鍊和發展，人的眼界開闊了，人的情感高尚了，人的整個心靈提升到了如此之高的程度⋯⋯他從一個愚昧的和能力有限的動物，變成了一個有智慧的存在者（intelligent being; *être intelligent*），變成了人。[53]

在盧梭看來，透過協議、進入政治狀態後，人儘管放棄了自然的自由，但人的能力與理性得到運用與發展，所以這

53　*Social Contract*, I, 8, p. 53.

個歷程乃是一個自由內涵的轉變過程,一種由下而上、由動物性到智性的提升。因此,在盧梭看來,透過社會契約,人類獲得了他在自由的野蠻狀態所無法享有的益處,人類才從一種僅僅是動物性的存在,成為真正的人。

因此,在人們制定的社會契約的約束下,人類的自然自由提升為兩種更崇高的自由類型:政治的自由與道德的自由。在沒有社會契約的拘束下,人的自由是由武力維持的,締結社會契約、進入政治狀態後,人的政治的自由卻是由普遍意志拘束。[54] 前者是短暫而變動的,後者則是穩固而正當的,所以盧梭宣稱強者絕不可能強到永遠是主人,除非他將武力轉化為權利、將服從轉化為義務。[55] 盧梭談的第二種更高的自由,就是道德的自由。他認為,共同接受社會契約之後,人又增加了道德的自由,這使人真正成為自己的主人,因為,純粹受偏好驅策乃是奴役,服從自己給自己的法則才是真正的自由。

總而言之,盧梭所謂的「處處在枷鎖之中」,這個枷鎖乃是自己透過協議接受的契約以及自己給自己的法則,而非由外在的武力加諸的。因此,儘管身處盧梭所說的「枷鎖」,人並不因此失去自由,而是得到更高的政治與道德的自由。透過這樣的考察,我們就可以初步解決自由弔詭,這個弔詭只是表象的,而非內在有真正的矛盾。而盧梭所說的「人相

---

[54] *Social Contract*, I, 8, p. 54.

[55] *Social Contract*, I, 3, pp. 43-44.

信自己是他人的主人，比之他人卻更似奴隸」[56]，亦是表象上的弔詭，其原意並非真的要使人陷入奴役狀態，而是要突顯人既自由又在枷鎖中的狀態。

（三）打造平等的共同體

如前所述，在盧梭的思想體系中，自由乃是最高的公理，任何違背此公理的協議與體制都不會是正當的。相較於自由，平等則更像是一個衍生出來的原則，因為，自由是人生而有之的，但平等卻非人天生具有的。在盧梭的《論不平等》的描述中，當人們無限制地發揮自身的力量、自由地競逐財富與權位之後，原本眾人所享有的自由將不復存在，最後將淪為只有主人與奴隸的悲慘處境。因此，為了維繫人類天生而有的自由，我們必須建立一個平等的體制以確保眾人皆享有相同的自由，沒有人在他人之上，也沒有人在他人之下。而社會契約作為一種枷鎖，是為了提升人性與人類處境所加諸的枷鎖，這是盧梭所擘劃出的政治理想，而與他先前所批判的不平等現象下的枷鎖是截然不同的事物。在這個政治理想中，盧梭所試圖建立的是一種人人平等的共同體，也唯有這種平等的共同體才能夠確保人類的真自由。

盧梭心目中的平等的共同體，在集體共同訂定社會契約時，為了確保個人的自由不因此受到共同體的侵害，並且人人佔有平等的地位，這個社會契約必須滿足一項條款：每個締約的人以及他所擁有的一切權利都全部讓給共同體

---

[56] *Social Contract*, I, 1, p. 41.

（community; *communauté*）。這項條款蘊含了三個次命題。[57] 首先，既然每一個人都將自己獻給共同體，因此這項條件是人人平等的（equal for all; *égale pour tous*）。而既然此條款是適用在每一個人身上的，因此，沒有人會希望這項條款會造成其他人的不利。其次，所有人將自身權利轉讓給共同體，這項轉讓是毫無保留的（without reservation; *sans réserve*）。否則，如果個人還保留某些自然狀態下的權利，也就是說，這項權利將不受公共的權威所規範與裁決，那這些人將繼續擔任自己的裁判，那會陷入一個滑坡的危險，逐漸地，這個人將會事事都由自己做仲裁，那就形同自然狀態繼續存在了，而社會契約所建構的政治狀態就會逐漸瓦解。其三，每個人都是將自己奉獻給所有人（to all; *à tous*），而非獻給任何個人。由於不是將自身權利獻給任何個人，每個締約者轉讓出自己的權利，同時也享有所有人奉獻出的權利，因此每個人都會得到與自己奉獻出的東西等價的事物。因此，盧梭認為，基於此條款的基本精神所形成的社會契約如下：

> 我們每一個人都把我們自身和我們的全部力量置於普遍意志的最高指導之下，而且把共同體中的每個成員都接納為全體不可分割的一部分。[58]

盧梭認為，在此平等的社會契約之下，人們就不再是散沙，而是一個「道德的共同體」（moral and collective body;

---

[57] *Social Contract*, I, 6, p. 50.

[58] *Social Contract*, I, 6, p. 50.

corps moral et collectif），這個全體就獲得了自己的統一性，形成了一個「大我」（common self; *moi commun*），擁有了自己的生命與意志，而可以稱為是「共和國」（republic; *république*）或「政治體」（body politic; *corps politique*），其主權的擁有者與參與者稱為「公民」（citizen; *citoyen*）。[59]

總結以上的討論，盧梭認為社會契約在公民之間建立了一種平等，使其人人遵守同樣的條件，並且享受同樣的權利；所以主權者不會孤立出任何的個人，它只知道國家作為整體；一個協議是正當的，因為它來自社會契約；一個協議是公平的，因為它一體適用；一個協議是穩當的，因為它有公權力與最高權力作為其保障。只要人民遵守這種協議，他們就並非服從任何一人，而是服從自身的意志。[60]在盧梭理想下的平等共同體，人的自由才得以獲得穩固的保障。因此，自由雖然是盧梭心中的最高公理，但是若沒有平等的共同體的支撐，人類的自由將如流沙一般，被各種的社會之惡挖空掏盡。

五、普遍意志與正義

對於盧梭而言，毫無疑問地，正義是屬於人為的產物，而非人生而有之的本能稟賦。如第二節所述，在《論不平等》中，盧梭以臆想的方法回溯至人類的野蠻階段，他認為在一

---

[59] *Social Contract*, I, 6, pp. 50-51.
[60] *Social Contract*, II, 3, pp. 62-63.

個前社會的自然狀態中，野蠻人不會有「你的」與「我的」之區別，既不互相侵害也沒有財產的觀念，因此也不會有正義與不正義的觀念。在野蠻狀態中，人類有自由與自我完善的能力，也有愛己心與憐憫心的情感本能，這些天生的稟賦給予了人類一種勿傷害他人的「天性良善的格律」。但這種天生的憐憫心的本質不是一種「你們願意他人怎麼對待自己，你們也要怎樣待他人」的理性交換，憐憫心是出自於內心的單向情感。

相對地，正義的本質卻是交換的，它是對於兩造之間公平互換的規範，正義是在人類理性發達後基於生存需要所發展出的人為規範。因此，盧梭也承認，正義確實也蘊含了偏愛心。[61] 我們對於與自身利害相關的事情，總是斤斤計較，這是我們追求公平的原初動機。從這個角度來看，正義的最初心理動機是人類的尊己心。既然人的尊己心總是偏袒自己，我們如何讓眾人的個別意志指向一個共同信守的正義制度呢？盧梭認為，一個以共善為目的的普遍意志，可以做為一切個別意志的匯集，可以成為正義的最終基礎。為了瞭解正義的基礎，我們必須對於普遍意志的本質、形成過程與可行性有所說明。

（一）普遍意志的本質

儘管在盧梭的負面書寫中，他嚴厲地批判文明社會的墮落，但在他的正面書寫中，他卻又高度讚揚社會契約帶來道

---

[61] *Social Contract*, II, 4, pp. 61-62.

德進步的可能性。盧梭認為，在前社會階段，人雖有自由，但那僅是動物性的自由，唯有透過集體立法後確保的自由，才是真正的自由。這個集體的自我立法，乃來自於普遍意志，一個由眾人意志匯集而成、集體一致的意志。在他看來，個別意志不得凌駕普遍意志，若有人不能理解自由的真諦，我們甚至可以「強迫使其自由」。[62] 這種具有集體主義色彩的自由觀，與個人主義的自由觀相當不同，甚至往往被視為極權主義的同路人。因此，在近代思想史中，盧梭的普遍意志似乎是一個頗具爭議的概念。正面看待者，如康德；批評者，如羅素[63]與柏林[64]。有鑑於這些詮釋的落差，我們有必要更進一步考察盧梭普遍意志學說的內涵。

根據絮克萊（Judith Shklar）的考察，在法國哲學史上，盧梭並不是第一個使用普遍意志此一概念的思想家；十七世紀的笛卡兒主義者馬勒布朗許（Nicolas Malebranche），在他回答心物二元難題的偶因論（occasionalism）的主張中，即宣稱上帝的普遍意志統合了現象界與恩典的世界，但此時，普遍意志仍屬於一個超越的意志，非屬於人類的現象；之後的孟德斯鳩（Montesquieu）則進一步將普遍意志從神學的領域轉到了社會的領域，而將普遍意志視為一種立法

---

[62] *Social Contract*, I, 7, p. 53.

[63] 英國的分析哲學大家羅素（Russell, 1945: 684）更提醒世人，盧梭的政治哲學的內核，乃是一種假民主的獨裁哲學。

[64] 以主張多元主義、區辨「消極自由」與「積極自由」而聞名的英國政治哲學家柏林（Berlin, 2002: 47），則對盧梭所說的「被迫自由」的積極自由觀大表異議，指出盧梭的思維與希特勒、墨索里尼等人的法西斯思想相去不遠。

的權力（legislative power）。[65] 因此，西方哲學與神學的思想史裡，我們可以發現普遍意志與所謂的神聖意志（divine will）之間的關聯。[66] 這中間的關聯首先透過孟德斯鳩的轉化，普遍意志此一概念獲得了世俗化，進入了政治的領域，而到了盧梭，普遍意志完全獨立在神學的領域之外[67]，它彰顯的就是一個政治體的共同意志。但是，在盧梭的思想中，普遍意志並不只是與行政權相抗衡的立法權力，它根本就是國家的主權本身。

在盧梭的普遍意志學說中，我們必須區分普遍意志與個別意志的區別。在盧梭看來，普遍意志的目的是追求眾人的共善。[68] 相對地，個別意志的目的則是個人的、自我的一己之善。換言之，個別意志的本性是趨向於偏私，但普遍意志則是眾人平等、不偏私自身。[69] 其次，人基於立足身分的不同，也會產生截然不同的意志屬性，盧梭認為，身為自然人，每一個人都有其個別意志，但是作為公民，人則擁有普遍意志。[70] 所以，盧梭並不否認，一個具同一性的人，其內在會

---

[65] Shklar (1973). pp. 275-276.

[66] 同樣的觀點也可以參考 Riley 對於 Malebranche 的普遍意志與神聖意志的關聯的討論。見：Riley, P. (2000). "Malebranche's Moral Philosophy: Divine and Human Justice," in *The Cambridge Companion to Malebranche* Cambridge: Cambridge University Press, pp. 220-261.

[67] Schmitt 也看到了盧梭主張內部的神學元素，但他並不認為盧梭完全擺脫了神學的意涵。見：Schmitt, C. (2005). *Political Theology: Four Chapters on the Concept of Sovereignty*. Chicago: University of Chicago Press.

[68] *Social Contract*, II, 1, p. 57.

[69] *Social Contract*, II, 1, p. 57.

[70] *Social Contract*, I, 7, p. 52.

同時具有兩種意志的拉扯，一個是偏私自身的個別意志，一個是以共善為目的的普遍意志。

但是，普遍意志與個別意志的關係究竟為何？一種常見的觀點是，個別意志屬於個人，普遍意志屬於集體，這就將兩種意志分別歸於兩個不同的實體，所以是兩種截然不同、互相獨立、互不隸屬的意志，本書將之稱為「兩意志論」（two-will thesis）。事實上，根據前段的分析，盧梭並不認為它們屬於兩種不同實體的意志，它們是基於不同視角（perspective）而理解到的不同意志屬性，當人只囿於私利與愛好出發，以身為自然人的角度看世界，人就只能得到個別意志，但若人從共善出發，以公民的角度看世界，才能達到普遍意志的高度。因此，本書傾向於將盧梭的普遍意志與個別意志，視為是人的意志的兩個面向，在此將之稱為「兩面向論」（two-aspect thesis）。

除了文本上的理由之外，「兩面向論」在論證上比較能確保個人意志與集體意志之間的同一性（identity）[71]。如果依照「兩意志論」，個別意志屬於個人，普遍意志屬於集體，這中間就出現了鴻溝，則盧梭所謂「服從自己給自己的法則」的自由的條件就無法成立，則盧梭的自由弔詭的難題就沒有獲得真正的解決。但是在「兩面向論」的觀點下，個人作為公民同樣具有普遍意志，人民作為一個集體也具備普遍意志，兩者的內涵是一致的。

---

[71] 必須注意的是，個別意志（小我）與普遍意志（大我）之間建立的同一性並非邏輯上嚴格的同一性 (strict identity)，而是經驗上寬鬆的同一性 (loose identity)。

而大我與小我的同一性如何確立？在盧梭看來，就是透過社會契約的結合，在政治體中，我們接納每一成員如同整體不可分的一部分一般。透過社會契約的結合，每個人都成為整體不可分的部分，「大我」跟「小我」才建立了同一性。

　　當個別意志匯集成了普遍意志，這個普遍意志就代表了整個政治體的意志與主權，它是判定正義與不正義、正當與不正當的最高裁判。然而普遍意志的施展就是國家主權的展現，因此，普遍意志與主權同時具備了不可轉讓、不可分割與不可錯等三項基本屬性。[72] 如果普遍意志可以轉讓，則如同一個人將自身的自由轉讓出去而成為奴隸；而普遍意志若可以分割，則無異於分裂為先前的個別意志的狀態，普遍意志也就不再存在；此外，既然普遍意志乃是以共善為目的，它並不偏私任何一人，這種公正而以共同利益為目的的意志，自然就不至於產生差錯。

（二）普遍意志的形成

　　盧梭再三強調個人作為整體不可分部分的重要性。因此，他進一步區分普遍意志與眾人的意志（will of all; *volonté de tous*）的差異，發現兩者在匯集出集體意志的過程相當不同。[73] 對他來說，眾人的意志不過是一群人的零碎意見的集合，個人並未成為普遍意志的參與者，因此這樣的統治關係還是存在主奴之別；但是普遍意志是眾人真正的聯合，它才

---

[72] *Social Contract*, II, 1-3, pp. 57-60.

[73] *Social Contract*, II, 3, p. 60.

能創設以共善為目的的政治體。[74] 所以在盧梭心目中，普遍意志才能真正將眾多的個人意志聯合成一個有機的整體，在這個整體中，每個人都是不可分的部分。

然而我們應該如何形成普遍意志？首先，盧梭強調我們應該要在人民中保留最大量的小差異。當一群充分受知的人民審議時，公民之間沒有聯絡，普遍意志會從大量的小差異產生出來，盧梭認為這樣的審議總是好的。但是當派系、小團體出現後，大的團體就夭折了。原本是一人一個聲音，變成一團體一個聲音。最後，當其中某個團體越來越大、壓過其他團體時，我們就不再有小差異的總合，而只有一種差異，普遍意志也消失了。因此盧梭強調，普遍意志若要存在，國家之內不能有偏私的社團，每一個公民都陳述自己的意見。普遍意志的最佳的實踐方式，就是透過全體公民參與的人民會議直接行使其權力，不假手中介的政黨或代議士。[75]

其次，盧梭認為普遍意志必須透過眾多差異的抵銷、磨合才能出現。盧梭認為，在這些眾人的個別意志中，把其正負互相抵銷的部分拿去，所剩餘下的差異的總合，就是普遍意志。[76] 在這段的陳述中很清楚地看到，普遍意志不是憑空創設的，而是由下而上、從個別意志逐漸淬鍊出來的。[77] 在

---

[74] *Social Contract*, I, 5, p. 48.

[75] *Social Contract*, II, 3, p. 60.

[76] *Social Contract*, II, 3, p. 60.

[77] 這個過程很類似於羅爾斯 (John Rawls) 後期所談的交疊共識 (overlapping consensus) 的概念，但是羅爾斯在共識形成的過程中，是從不同的整全性學說 (comprehensive doctrine) 出發的，而盧梭是從個別的個人意見出發，

盧梭心中，我們應該保有最大的個人差異，當眾人的差異利益彼此互相抵銷之後，淬鍊出的即是普遍意志。由於這個政治過程非常複雜，盧梭因此視之為一種技藝。經過眾多差異的磨合後，普遍意志已不可能是偏私於某一特殊利益的個別意志。所以，盧梭可以宣稱，普遍意志總是正當（upright; droite）而關注公共效益（public utility; utilité publique）。[78]

盧梭所謂的普遍意志，其實有兩種不同的類型，其成立的標準也不同[79]。第一種普遍意志，是締結原初社會契約的普遍意志，以現今的概念，我們可以稱為國族締造的普遍意志（nation-building general will）。這個普遍意志的成立標準很高，必須達到所有成員的一致性（unanimity; unanimité）。[80] 為什麼門檻如此之高？因為一旦創設共同的政治狀態、成為一群人民，每個成員必須將自身權利全部轉讓給共同體，這中間不允許任何的保留與差別對待。這樣無保留的權利的轉讓，是匯集眾多小我、形成集體大我的重要過程，如果不是如此，大我與小我的同一性無法確立。由於

以盧梭的角度來看，羅爾斯所允許的差異性恐怕還太少。羅爾斯對於交疊共識的說明，見：Rawls (1993). *Political Liberalism*. New York: Columbia University Press, pp. 40-42.

[78] *Social Contract*, II, 3, p. 59.

[79] Marini 也認為普遍意志的共識有兩種類型，一種是對於創建國家時憲法之創設的共識，另一種是常態性的法律修正的共識，仰賴定期的公民會議。見：Marini, F. (2006). "Popular Sovereignty but Representative Government: the Other Rousseau," in *Jean-Jacques Rousseau: Critical Assessments of Leading Political Philosophers*, Vol. III. New York: Routledge, pp. 59-60.

[80] *Social Contract*, I, 5, p. 49.

有如此絕對的門檻，這種社會契約的本質使得任何些微的修改，都會使它無效，因此，當社會契約被違反時，每個人得以回復其原初的權利與自然的自由。[81] 所以，盧梭可以宣稱，每個成員因為是把權利轉讓給全體，因此也就並非轉讓給任何人。當然，盧梭也保留了個人拒絕參與國族締造的自然自由，拒絕參與的人，就形同外國人。[82]

第二種類型的普遍意志，則是進入政治狀態、建立國家之後，以人民主權為核心的治理規則，我們可以將盧梭所談的這種普遍意志稱之為一般性的意志形成（will-formation）。在盧梭的設計之下，人民主權主要是以立法權力的形式彰顯，行政權、司法權都是依附在它之下的政府權力。這種普遍意志的成立標準較低，僅僅需要多數決（vote of the majority; *la voix du plus grand nombre*）即可，與創設國家的原初契約不同。[83] 這個普遍意志不能被代表，而是由定期的人民會議實行。盧梭認為，如果沒有公權力的支撐，社會契約是空洞的，因此，任何拒絕服從普遍意志的人，都要受全體的制約，也就是說，他將被迫自由。[84]

（三）理想與神話

在盧梭看來，普遍意志是大我的意志，是國家主權的

---

[81] *Social Contract*, I, 6, p. 50.
[82] *Social Contract*, IV, 2, p. 123.
[83] *Social Contract*, IV, 2, p. 124.
[84] *Social Contract*, I, 7, p. 53

基礎，因此普遍意志是不可代表的，不能由代議士為公民代為行使的。所以他嘲弄英國的代議制度：英國人以為自己是自由的，其實搞錯了，他們只有在選舉議員時才是自由的，一旦議員當選了，人民就被奴役了，人民什麼都不是。[85] 盧梭自己則是投射出一個由人民直接行使立法權的共和主義理想。由於盧梭賦予普遍意志一個如此崇高的地位，一方面普遍意志是全體公民的個別意志的匯集，另一方面，公民的意志表示不能假手中間的代議士，而必須採取直接民主的形式，因此普遍意志是否可行一直是眾人討論的焦點。姑且不論是否盧梭的學說僅能實施在小國寡民的社會，光是要改變人類偏私的天性以趨向以共善為念的普遍意志，就是一個極為困難的教育與政治社會化的議題了。

究竟盧梭的普遍意志是一種人類可以趨近的理想（ideal）或僅僅是一種神話（myth）而已？基本上，盧梭很明顯地意識實踐普遍意志的困難，因此他採取的是理想與神話兼具的論述方式，以指出普遍意志的可能性。如前面所述，在盧梭之前的哲學傳統，普遍意志被視為是一種超越人性的神聖意志，其概念本身本來就具有相當強的神話色彩。而在《社會契約論》第二卷第七章中，盧梭更試圖透過一個神話般的立法家（lawgiver; *législateur*），為政治體創建一套卓越的法律，這個神話般的立法家既能夠通達人類的情感，又擁有不受情感影響的最高智慧，在盧梭看來，「要為人類制定法律，簡直是需要神明」。[86] 而這位英明的立法家，

---

[85] *Social Contract*, III. 15, p. 114.

[86] *Social Contract*, II, 7, pp. 68-69

不僅擁有超乎常人的說教能力，而且「把他的決定說成是來自神靈，利用神的權威來約束那些靠人的智慧不能感動的人」。[87] 英明的立法家同時需要公民宗教（civil religion; religion civile）的力量，以鞏固人們對於政治體的愛與信仰。盧梭認為，公民宗教的教條必須簡單，例如要人相信上帝的存在、正義的人有福、惡人必受懲罰，以及相信社會契約和法律是神聖的，並且保有某種程度的宗教寬容。[88]

同時期的《愛彌兒》中，我們同樣可以看到一個神話般的教師角色。愛彌兒是透過一個教育家的長期教育才形成對共善的認識、養成公民的德性。在此，我們看到盧梭雖然將西方傳統下的神聖意志轉換成世俗化的普遍意志，但他仍需要一種神話式的家長角色，無論是立法家或教育家都是如此。在此，我們可以看到盧梭普遍意志背後的神話色彩。儘管如此，盧梭仍舊將普遍意志當作是一個人們可以趨近、可以實踐的理想。他要求公民們必須儘量地擱置自身的私利與偏見，而從一個共善的普遍角度看待世界，這是可以透過教育與自省而趨近的理想。

六、追求共善的政治

兩百五十年前，盧梭寫下了他對於種種社會不平等的嚴厲批判，在他的眼底，當時的歐洲社會是一個充滿剝削與

---

[87] *Social Contract*, II, 7, p. 71.
[88] *Social Contract*, IV, 8, pp. 150-151.

壓迫的世界。時至今日，盧梭眼中所見的財富的、權力的、社會地位的不平等，依舊存在於當今的世界。盧梭的解方，是建立一個自由與平等的社會契約，讓眾人的意志能夠匯集成普遍意志，以普遍意志作為正義的基礎。唯有透過普遍意志，才能夠避免個人意志的鑽營，唯有透過共善的追尋，才能同時成就大我與小我。

在盧梭的理想中，公民的心中存在共善的理想，胸中燃燒著正義的情感。這種正義感是自愛的，因為一個不懂得愛自己的人，無法為價值而努力；正義感也是虛榮的，因為驕傲的公民們無法忍受自己屈居於他人之下，也無法接受他人擁有自己所沒有的特權。盧梭的理論，不僅提供了正義的制度說明，也提供了正義的道德心理學。

盧梭深知，這個高蹈理想不可能一蹴可幾。因此，在他的正面書寫中，他一方面透過《社會契約論》的立法來建構一個平等的共同體，一方面則透過《愛彌兒》傳達一種獨特的公民教育方式。盧梭很清楚，真正的民主制度是給眾神的國度。在他眼中，人類必須透過由外而內的立法，以及由內而外的教育，才能創造出一個能夠以共善為念的公民，公民不僅僅是一種身分，公民是一種實踐的理想。畢竟，人類不是天生而為公民，而是成為公民。

然而，盧梭的理想必然遭遇幾個問題。首先是普遍意志的一致性的問題。在盧梭的論證中，普遍意志在國族締造的過程中（成為一個整體的人民），全部成員的意志必須具備

一致性,這在現實上幾乎是不可能的,與既有的人類經驗之間有著巨大鴻溝。成員意志的一致性若無法實現,原初的社會契約就無法成立,後續建構的法律制度也就落空。誠然,盧梭所設想的一致性並非實然的描述,而是一個規範性的設想。但是,如前所述,盧梭的這個規範性的設想是一個政治過程,在眾多差異之中如何既存異又求同,他必須有更清楚的操作過程的計畫,而不是一廂情願的設想。無怪乎,盧梭必須訴諸神話式的立法家,以及在《愛彌兒》中的教育家,以類似傳統神聖意志一般的家父長的角色,確保人們朝向共善的方向前進。

此外,盧梭雖然已經將神聖意志驅逐出他的理想國之中,但仍未竟全功。其次是普遍意志在立法過程中意志形成的問題。盧梭對於國家的想像仍停留在小國寡民的農業時代,我們幾乎無法將他直接民主的想像能落實在現今的國家型態中,同樣地,這也使得他共和主義中積極公民的應然設想掛空。誠然,這並非盧梭之罪,而是時空變遷下的歷史現實,但這也減損了盧梭政治哲學的當代意義。

其三,在建立大我與小我的同一性時,盧梭似乎過度高估了集體共識的可能性。尤其令以個人自由為基礎的自由主義者不安的是,盧梭宣稱在普遍意志之下,對於不同意見的人,我們可以「強迫使其自由」。盧梭的這種自由觀如何與自由主義的自由觀相容?這也是我們在汲取盧梭的智慧時必須注意的問題。

第四章

愛敬正義 —— 康德*

一、前言

康德（Immanuel Kant, 1724-1804）這位被梁啟超譽為是「近世第一大哲」的德國哲學家，以著名的三大批判——

---

* 本章引述的康德著作，德文版參考的是俗稱普魯士學院版（*Akademie-Ausgabe*）、由 Walter de Gruyter 出版的 *Kants gesammelte Schriften*，英文版參考的是由劍橋大學出版的 *The Cambridge Edition of the Works of Immanuel Kant*，中文版同時參考了李明輝翻譯的《道德底形上學之基礎》（聯經出版社）與《康德歷史哲學論文集》（聯經出版社）、鄧曉芒翻譯的《康德三大批判合集》（人民出版社）以及李秋零翻譯的九卷本的《康德著作全集》（中國人民大學出版社），但本書對於康德的名詞與文句翻譯則是作者斟酌德、英、中文版本後的結果，並不完全依照既有的中文版本。引述康德著作的頁碼，一律依照國際康德學界的慣例，以普魯士學院版的頁碼呈現，引述康德著作的縮寫形式則參照 *Kant-Studien* 的編輯規則，先列著作縮寫，再列全集冊數與頁數。

《純粹理性批判》（*Kritik der reinen Vernuft*，簡稱 KrV）、《實踐理性批判》（*Kritik der praktischen Vernunft*，簡稱 KpV）與《判斷力批判》（*Kritik der Urteilskraft*，簡稱 KU），奠定了他在哲學史上無可撼動的地位。相對於其他知名的哲學家來說，康德的一生過得平淡無奇，終生未曾離開過他所居住的柯尼斯堡（當時為普魯士王國的領土，如今已納入俄羅斯領土）。

儘管康德秀才不出遠門，但是透過廣泛的閱讀，他對於發生在世界各地的新聞與歷史都相當熟稔，法國大革命發生之時，康德更是密切觀察此事件對於歐洲的衝擊。康德是一個百科全書般的哲學家，從天文、地理到人文皆有深入的專業知識，是一個終生奉獻於學術的典範。其學說至今仍舊擁有相當龐大的影響力，無論是英美分析哲學界或是歐陸哲學界，都將康德思想視為是哲學的必經之路。

康德一生的哲學使命，可以用他在《純粹理性批判》中知名的三個問題做總結：我能知道什麼？我應當做什麼？我可以希望什麼？[1] 第一個問題是關於理論哲學的提問，它探討的是人類知識的界線與範圍。第二個問題探討的是實踐哲學，也就是對於人類行動的基本原則的探究。第三個問題探討的是德福一致的可能性，也就是當我們實踐了我們應當作為之事，我們能夠希冀如何的來生，因而屬於宗教哲學的範疇。

---

[1] KrV, A 804/B 832.

本章探討的正義問題，則是屬於康德提問的第二個問題，也就是實踐哲學的範疇。然而，康德所謂的實踐哲學，牽涉範圍很廣，基本上與人類的行動與實踐有關連的事務，都被康德納入實踐哲學的範疇，其中最重要的就是他的道德哲學。在康德晚年出版的《道德形上學》（*Die Metaphysik der Sitten*，簡稱 MS）中，他將自己的道德哲學區分為法權論（doctrine of right; *Rechtslehre*）與德性論（doctrine of virtue; *Tugendlehre*）兩大塊，前者探討的是人的外在行動的合法性，後者則是探討行動本身的道德性。[2] 這兩者雖然有所區隔，但是兩者都遵循同樣的原則，也就是康德實踐哲學中的最高法則：自由。在康德看來，如果我們不預設人類具有實踐上的自由，那實踐哲學就形同死亡，而與探討自然法則的理論哲學無異。因此，無論外在的法權或內在的美德，都是人類的實踐自由的發揮。只不過，法權論是關於人類自由意志的外在使用，而德性論是關於人類自由意志的內在使用，因此可以說是同一個原理有兩種不同的運用。

簡單地說，康德法權論的主題基本上就是當代所謂的法政哲學，而德性論則是一般所謂的道德哲學。而本章所要探討的康德正義理論，基本上是以法權論為主，德性論為輔。康德所謂的正義是什麼？他試圖建立如何的正義觀？他又如何理解正義感背後的道德動機與心理過程？係本章所要探討的問題。

---

[2] MS, AA 06: 214.

首先，本章第二節對於康德的正義理論先做了基本的界定。從狹義的角度來說，正義經常被指為是法律本身以及法律的遵守，但如果只是這樣理解康德的正義觀，就不免淪為一種技術性的探討。我們應該從廣義的角度，將康德的正義理解為法權，那麼，正義的內容就不只是技術性的遵循法律，還包含了對於法律的基礎與正當性的探討。在康德的正義觀含納了各種不同的法權，並透過原初契約的保障，最終成為了一個保障自由、平等與獨立的正義體系。

　　為了更深入理解正義的客觀基礎，我們必須同時理解其根源的道德哲學主張，也就是康德的義務論。第三節討論了康德道德哲學的核心觀點，尤其是定言命令的三種表述：普遍性原則、人性目的原則，以及自律原則。以理性為基礎的定言命令，不僅可以作為道德的除錯程序，它也是正義的客觀基礎。

　　第四節則探討了正義的主觀基礎。在康德看來，僅僅探討了人類的種種義務，但卻沒有說明義務如何驅動人們去行動，這如同是理論的破口。從康德早期的文獻，可以看出康德對於人類道德情感的困惑。他把這個問題視為是道德的「點金石」，一個眾人都欲追尋但卻徒勞無功的嘗試。但是進入了批判時期之後，康德便以兩種情感來說明義務的驅動力：實踐愛與敬重心。在康德看來，「愛」與「敬」乃是正義的情感基礎。比較特別的是，康德認為這兩種道德情感並不是從人的感性萌發，它們是來自理性的要求。這是康德與本書討論的其他哲學家最大的不同之處。

第五節的主題則是正義的必要性。康德認為，正義的存在，不僅是一種歷史的必然發展，正義也是確保永久和平的必要制度。在康德的歷史與政治哲學論文中，我們可看到兩種正義必要性的論證，第一種是歷史目的論的論證，第二種是永久和平論的論證。而這兩個論證背後，都預設了康德的「根本惡」的人性論。康德的「根本惡」的學說，並非單純的性善論或性惡論，他認為，人雖然有向善的稟賦，但是卻也有向惡的性癖。但是，在康德看來，人類向惡的性癖是無法根除的，唯有透過道德與正義的約制，人類才能充分發展理性的稟賦。

　　第六節則是康德正義理論的總結。在康德的正義理論中，他所要建立的，並非上帝之城一般的國度，他所要建立的國度，是一個儘管由魔鬼般的民族所組成，但仍能如同公民般守法的國度。無疑地，康德的正義理論是一個規範理論，但是卻是一個現實的烏托邦，一種類似羅爾斯所謂的「良序社會」（well-ordered society）的政治理想。

二、康德的正義觀

　　在康德的實踐哲學中，正義（justice; *Gerechtigkeit*）並不是一個經常使用的字眼，在他正式出版的著作中（普魯士學院版的前九冊），出現不過百次，而且其概念內涵仍有相當的歧異。

　　基本上，從概念上看來，康德傾向於將正義理解為對於實定法的遵循，也就是守法的概念，並且包含了從守法概念

衍生出的懲罰與獎賞的結果。[3] 但是，在康德的廣泛理解下，正義的概念不僅僅是屬於國家對於人民行為的懲罰與獎賞，也就是說，不單單適用於世俗事務而已，康德也同時探討了神的正義（divine justice; *göttliche Gerechtigkeit*），也就是神對於人類的施恩與懲罰的可能。[4] 後者所探討的其實就是宗教哲學下所說的神義論（theodicy）。

不過，神義論不在本書探討的範圍，本章所討論的康德的正義理論，完全是關於國家的正義問題（包含國內的、國際的，以及世界公民的正義）。而康德對於正義的探討，不僅僅侷限在守法的概念上，他更實質地探討了正義的基礎與正當性。因此，對於康德來說，正義是超越實定法層次的問題。在康德的哲學生涯中，對於政治哲學的興趣發展得非常晚，而他晚期建構的法權論，基本上就代表了他對於正義的實質學說。在這一節裡，我們首先釐清法權的內涵，將正義界定為法權，並且進一步探討正義的體系，以及正義如何從原初契約誕生。

（一）正義作為法權

康德所說的法權（right; *Recht*），是一個不容易翻譯的概念，因為，它同時有法、權利與正義這三種不同的意涵。在英文世界裡，早期的學者有人將康德的法權論翻譯為正義論（doctrine of justice），或者是法學說（doctrine of

---

[3] MS, AA 06: 331-337.
[4] MS, AA 06: 489-491.

law），都算是捕捉到了康德學說的某個側面，目前較為通行的翻譯則是將 *Recht* 翻譯為 right，但字面上又容易使人理解為權利（儘管 right 也有正當、正義之意）。因此中文將 *Recht* 翻譯為法權，比較能兼顧到它的多義性。

根據康德的定義，他將法權定義為「在自由的普遍法則之下，一人之任意能與他人之任意保持一致的所有條件的總和」。[5]這句簡短的陳述包含了三項重點。首先是所謂「自由的普遍法則」。康德認為，實踐哲學的最高原則就是自由原則，人性尊嚴的基礎就在於人類享有實踐自由，任何違背此一原則的作為與格律[6]都不會是正當的。因此，法權作為一個規範性概念，當然必須符合自由原則。基於這理由，康德反對帝國主義對於其他民族領土的片面併吞，因為這種併吞行為並沒有尊重到對方的自由意願，所以不具有正當性。[7]康德也反對讓渡個人自由的契約，因為這種契約完全違背了自由原則，而使人喪失人性的根本尊嚴。[8]因此，在康德的正義理論中，自由原則同樣也是最高的原則。

法權定義的第二個重點在於「眾人的任意能夠保持一致」。所謂的任意（choice; *Willkür*），指的是個人的主觀

---

[5] MS, AA 06: 230.

[6] 在實踐哲學裡，康德區分了兩種不同類型的原則，一種是客觀的原則，他把它稱為實踐的法則（law; *Gesetz*），因為它具有必然性與普遍性，另一種則是主觀的原則，他將之稱為格律（maxim; *Maxime*），也就是個人主觀下的行為準則。（GMS, AA 04: 420. f）

[7] MS, AA 06: 266.

[8] MS, AA 06: 283.

意欲。[9] 舉例來說，我們可以基於自己的利益，為自己立定一個格律：只要對我有利益，我就可以毀棄先前的契約。康德認為這種個人格律如果被普遍採用了，等於全部的人都開始不遵守契約，如此一來，人類社會中的契約行為也就不可能存在。因此，若我實踐這個毀棄契約的任意，我就不可能跟眾人的任意同時共存，而會產生衝突與扞格。相反地，如果所有人都尊重契約精神，契約制度就能良好地存續下去，人與人之間就不會有主觀意欲上的衝突。因此，正義所尋求的就是使眾人的主觀意欲能夠共存的可能性。

第三個重點是使眾人的任意能夠共存的「所有條件」。康德在此所指的條件就是指實定法而言，「所有條件的總和」意思即是指所有實定法的總和。[10] 為何法權不能是自然法（natural laws; *natürliche Gesetze*），而必須是實定法（positive laws; *positive Gesetze*）？康德認為，法權的成立必須要透過外在的立法，也就是透過國家的立法者所制定的實定法，才能產生拘束力，如果法權對於人們沒有拘束力，那它就只是空洞的條文；相對地，自然法雖然符合理性，但是因為它沒有外在的實際立法，所以無法產生實際的拘束力。[11]

總結以上三點說明，我們可以理解康德所謂的法權必須符合這三個條件：法權必須符合自由的普遍原則、法權必須確保眾人的主觀意欲的共存，以及法權必須透過實定

---

[9] MS, AA 06: 226.

[10] MS, AA 06: 229.

[11] MS, AA 06: 224.

法加以確立[12]。這三個條件的加總也就是康德所謂的法權的普遍原則（universal principle of right; *allgemeines Princip des Rechts*）[13]，符合這項普遍原則的規範，才能夠稱之為法權。康德透過法權的普遍原則所建立的法權體系，就是一種廣義下的正義的體系（下文皆以正義體系稱之）。

（二）正義的體系

法權的來源是什麼？在康德看來，正義體系中所有的法權，若非人們在後天才取得的，就是人們生來就具有的。在康德看來，正義體系中唯一固有的法權（innate right; *angebornes Recht*）就是自由。[14] 因為自由是人生而有之的，先於國家與法權而存在，而不是法權所授予的。

在康德看來，自由的基礎來自於人類身為理性動物的事實，因為人皆有理性，所以可以為自己做決斷，成為自己行動的主人，而無須他人的干涉與指導。這就是實踐自由的概念。而且，自由的概念還蘊含了一種平等的概念。既然人人皆生而自由，每個人都是自己的主人，每個人當然都有同等的道德地位，也就是人人平等。換言之，在康德的正義體系

---

[12] 必須說明的是，康德雖然主張法權必須透過實定法來規範，而不能依賴自然法，但是他並沒有排除自然法的內容也可以透過外在的立法進入實定法的規範中。例如康德認為人類的所有權與親屬關係是一種自然的法權（natural right; natürliches Recht），因為它們在前政治的自然狀態中就已經存在了，而不是透過國家創設的，而當這些內容進入了法權之後，它們就成為了私法權。

[13] MS, AA 06: 230-231.

[14] MS, AA 06: 237-238.

中，自由是最重要的也是唯一固有的法權，而在自由的法權中又進一步衍生出了平等的法權，因此，在康德的正義理論中，自由與平等是兩項最重要的價值。

此外，康德的正義體系可以分為兩個次體系，一個是私法權（private right; *Privatrecht*）的體系，另一個是公法權（public right; *öffentliches Recht*）的體系。私法權體系包含了三大類的法權：財產法權、契約法權，以及家庭法權。公法權體系也包括了三大類法權：國家法權，國與國之間的法權，以及世界公民的法權。

原則上，康德將私法權視為是一種自然的法權，意思是說，這個法權不是來自於國家立法的給予，而是基於人的道德地位而原本就具有的法權。因此，私法權所包括的主要是人以及他的所有（possession; *Besitz*）的種種關係。[15]

康德談的第一類私法權就是財產法權（property right; *Sachenrecht*），也就是一個人基於先前佔有而排除他人對於該物的使用之法權。在康德對於財產法權的討論中，康德不僅反對帝國主義的併吞政策，他也反對將人視為是財產。[16] 因為這些做法完全違背了最高的自由原則，因此沒有資格成為法權的內容。這是康德思想中比較進步的地方。

康德討論的第二種私法權是契約法權（contract right; *persönliches Recht*）。[17] 康德認為，契約法權的道德基礎來自於

---

[15] MS, AA 06: 245.

[16] MS, AA 06: 270.

[17] MS, AA 06: 271-276.

遵守承諾的義務。在康德看來，遵守承諾是人類對於他人的嚴格義務，是超越法律之上的道德義務，而契約法權是從這項道德義務衍生出來的規範。有趣的是，康德不把契約法權視為是一種對於物的法權，而是對於人的法權，因為契約法權要求的是承諾人的履行承諾。

第三種私法權是家庭的法權（right of domestic society; *Recht der häuslichen Gesellschaft*），它是一種類似於對物法權的對人法權。康德所談的這種法權，包含了一種男性中心與家父長的舊思維，因為他把男人「獲得」妻子、夫妻「獲得」子女、家庭「獲得」僕役視為是一種類似於「物的獲得」的對人法權。[18]

康德正義體系的第二大部份就是公法權。公法權與私法權不同，私法權是自然的，公法權則是一群人民創設了共同體之後才存在的法權。因此康德說，公法權是一群人民結合後所產生的法律體系。[19] 在公法權的體系內同樣有三大類的法權。第一種公法權是國家的法權（right of state; *Staatsrecht*）。[20] 國家的法權包括了對於人民對於國家主權的忠誠義務（因此康德認為，叛國、叛變與革命都是不正當的）[21]，主權者對人民的徵稅權，主權者分配國家公職、國家榮典的權力，以及懲罰權與赦免權。

---

[18] MS, AA 06: 276-284.

[19] MS, AA 06: 311.

[20] MS, AA 06: 311-342.

[21] MS, AA 06: 318-323.

在康德看來，國家是壟斷懲罰權的唯一機構，而國家在懲罰權的行使上，必須符合相等原則（equality; Gleichheit），也就是傷人者，自傷之，辱人者，自辱之，而不是讓統治者恣意妄為；國家在這裡扮演的角色，是應報或報復的裁量者與執行者。[22]

有趣的是，康德的刑罰理論不考量社會的效益，而是一種嚴格的應報主義。如果從社會效益的角度來看，刑罰的目的不應該是為了報復，而是為了使社會風氣更加良善，或者是達到感化犯罪者的矯正效果。但是從康德的應報主義來看，懲罰的目的就是為了懲罰，就是要讓犯罪者付出與其罪行相等的代價，別無其他目的。

康德的這種嚴格的應報主義，在他的死刑主張上表露無遺。康德認為，殺人者應當處死，因為奪人性命者也必須付出相等的代價，也就是付出自己的性命。因此死刑的目的不是為了嚇阻、預防或矯正，而是為了讓殺人者付出代價。就算一個國家即將解體之前，從應報正義的角度來看，國家也要在瓦解前處決死牢中所有的犯人，因為這是他們應當償付的血債。[23]

第二類的公法權是國與國之間的法權（right of nations; Völkerrecht），也就是我們一般所說的國際法或萬民法。國與國之間的法權的主要內容是戰爭，可以分為開戰的法權、戰爭進行的法權，以及戰後的法權。[24] 康德在此比較有趣的

---

[22] MS, AA 06: 332.

[23] MS, AA 06: 333.

[24] MS, AA 06: 343.

論點是,他認為國家之間有義務要避免戰爭以及追求和平,康德認為國家之間應當要透過一種原初契約以建立一個國家聯盟(league of nations; *Völkerbund*),進一步確保和平、避免戰爭。[25]第三類公法權則是世界公民的法權(cosmopolitan right; *Weltbürgerrecht*),是指人類身為世界公民,應當具有在任何國家經商與居住遷徙的權利。[26]

以上臚列的這些不同類型的法權,就構成了康德的正義理論的實質內涵。在康德的構想中,一個完整的正義理論,不僅僅包含國家之內的法權與義務,也包含了國家與國家之間的規範,並且還包括了一種超越國家主權的普世法權,也就是世界公民的法權。

(三)正義與原初契約

關於正義的下一個問題是:正義如何誕生?它來自於某一個人的意志或是來自於眾人的意志?康德的答案很簡單,正義來自於眾人共同制定的原初契約(original contract; *ursprünglicher Vertrag*)。[27]康德對於正義的起源,採取的是一種契約論的觀點。換言之,在沒有眾人制定的原初契約之前,人們所處的是一種沒有正義的自然狀態。

---

[25] MS, AA 06: 344.

[26] MS, AA06: 352-353.

[27] 康德關於原始契約的主張,在〈論俗語:在理論上或許正確,在實踐上卻無用〉(*Über den Gemeinspruch: Das mag in der Theorie richtig sein, taugt aber nicht für die Praxis*,簡稱為 TP 與〈理論與實踐〉)已經有所討論。(TP, AA 08: 297-298)。

然而，康德並不將自然狀態設想為一種人人必然相互武力以對的戰爭狀態，我們並不能稱自然狀態是一種不正義的狀態，只能稱之為一種「正義的真空狀態」。[28] 當人們共同制定了原初契約之後，我們才進入一個政治狀態中，才基於國家的立法建立了正義體系，脫離了先前那種正義的真空狀態。不過，康德也強調，所謂原初契約的說法並不是一個歷史事實的描述，而是一種理念而已。[29] 康德認為，這種原初契約的理念，以及其具體條款，是可以從理性與自由原則推論出來的。

眾人在制定原初契約之後，就從自然狀態進入了法權狀態。康德認為，原初契約必須符合三個條件：自由（freedom; *Freiheit*）、平等（equality; *Gleichheit*），以及獨立（independence; *Selbstständigkeit*）。康德曾在〈理論與實踐〉與《道德形上學》分別討論過這三個原初契約的條件，但是內容有些許差異。

首先，在〈理論與實踐〉裡，康德認為自由就是：只要身為「人」，沒有人可以強迫我依照他的方式來追求幸福，只要在不傷害到他人的前提下，每個人都可以依照自己的方式追求自己的幸福。[30] 基於這個條件，康德認為家長主義式的政府是不正當的，因為它貌似處處為人民的福祉著想，其實卻是最為獨裁的統治。

---

[28] MS, AA 06: 312.
[29] TP, AA 08: 297.
[30] TP, AA 08: 290.

不過值得注意的是，康德在此所談的自由，是指基於「人」的身分所擁有的自由，它的本質僅僅是一種消極自由（negative freedom），也就是一種不受他人限制與妨礙的自由。但是在《道德形上學》裡，康德所說的自由乃是「公民」的自由，指的是一種「除非基於自己的同意，否則不遵守任何加諸自己的法律」的積極自由（positive freedom），這種自由是公民的立法能力，它代表的意涵是公民不接受未經過自己參與制定的立法。

　　無論是消極自由或積極自由，康德對於自由的這兩種解釋並沒有矛盾，因為在他的設計下，所有的社會成員都是人，但不是所有的人皆是公民。康德認為只有擁有財產的人（基本上是男性）才有資格擔任參與政治的「公民」，其餘的社會成員則是受保護的夥伴（beneficiary; *Schutzgenossen*）。[31]

　　另外兩項條件：平等與獨立，在不同著作中並沒有太大的差異。康德所謂的平等是指：在一個共同體下，每個人都在法律上承擔一樣的法權與義務，這是一種道德與法權地位的平等；此外，共同體的每一個成員都能夠憑其才能與努力到達他所能夠到達的位階層級（因此世襲特權是不正當的），這是一種機會的平等。[32] 因此，康德所謂的平等，同時包含了地位平等與機會平等這兩種不同類型的平等。而康

---

[31] TP, AA 08: 295.

[32] TP, AA 08; 292-293.

德所謂的獨立，則是指每個公民都具有制定國家法律的投票權，他是自己的主人而不服務他人。[33]

在康德看來，若一個政治共同體的原初契約違背了自由、平等與獨立的條件，這個原初契約的正當性就會產生問題。換言之，一個沒有確保其成員的自由、平等與獨立的體制絕對不會是一個正義的體制。

康德也進一步談到，一個國家若要長治久安，其國家的公權力必須儘量符合原初契約的精神。而他認為，只有共和制才是最符合自由原則的體制，共和制也是唯一依法律而不依特定個人意志而行事的體制。[34] 因此，康德的政治哲學被視為是一種共和主義，國家的正義基礎在於眾人的自由意志的結合，而公民必須具有自由、平等與獨立的地位。不過，假若統治者違背了原初契約的精神，公民們是否有反抗權？基本上，康德並不認為人民有革命的法權，康德認為，人民唯一的反抗工具不是武力，而是言論，也就是他所謂的羽毛筆的自由（freedom of the pen; *Freiheit der Feder*）。[35] 康德認為統治者必須為人民保留最大幅度的言論自由空間，因為這是人民對於自身的最終保障機制。[36]

---

[33] TP, AA 08: 295-296.

[34] MS, AA 06: 340-341.

[35] TP, AA 08: 304.

[36] 這個觀點就是康德早先在〈答何謂啟蒙〉（*Beantwortung der Frage: Was ist Aufklärung?* 簡稱為 WA）中談到的「理性的公共使用」（public use of reason; *öffentlicher Gebrauch der Vernunft*）。（WA, AA 08:36-37）

總結以上的討論，我們可以發現，康德的正義觀是一個包含了自由、平等與獨立原則的正義體系，在這個複雜而嚴密的體系之上，存在著一個最高原則，也就是自由的普遍法則，這項法則也同時是道德的法則。為了更進一步理解康德的正義觀，我們必須進一步討論他的道德哲學觀點，因為康德的道德哲學提供的是正義的客觀基礎。

三、正義的客觀基礎

對康德來說，正義的客觀基礎不在人的情感之中，而是在普遍的道德法則上。而道德的普遍原則到底是什麼？這是康德首要的提問。康德同時身為一個科學家，他透過牛頓力學看到所有自然現象之後的自然法則[37]，當他回到人類的道德上，他也產生同樣的問題：究竟我們有沒有辦法在人類的道德行動上找到類似自然法則般的道德法則？

康德從盧梭的哲學中得到了線索，尤其是盧梭在《社會契約論》中談到的自由觀：真正的自由是服從自己給自己的法則。[38] 盧梭的自由觀跟康德所討論的自律概念幾乎沒有差別。康德更曾經在自己的筆記寫下了：「牛頓首先看見了自然的秩序與規律，盧梭則看見了人性的潛藏法則」。[39] 從這

---

[37] 所謂的「自然法則」（law of nature）即是我們所說的物理法則，也就是物理現象背後的規律，而非與實定法相對的「自然法」（natural law）；「自然法」是規範人類行動的法則，只是沒有透過人為的立法而已。

[38] 關於盧梭的自由觀，請詳見第三章第四節的討論。

[39] Kant（2005: 9）

些線索看來，康德對於道德法則的觀點顯然受到盧梭的啟發甚深。[40]

在盧梭與康德看來，如果人類的行動也是受自然法則的支配，那麼人就跟傀儡無異，人就不可能有真正的自由意志。在經驗上，人類可以決定自身的行動，而不是如同傀儡一般受外力操弄，因此人類在直覺上確實具有意志的自由。但是康德認為，道德最高原則的來源就是我們的自由，它的基礎在理性，而不在經驗上。[41]在康德看來，人因為有意志的自由，所以我們能夠抗拒自己的私欲與愛好，為自己的行為立法，成為自己的真正主人。

（一）定言命令作為道德除錯的程序

康德的道德哲學被後世稱為義務論（deontology），因為其內涵基本上是在探討人類的種種義務。所謂的義務

---

[40] 卡西勒（Cassirer, 1963: 32）則明白指出，在康德的定言命令的第一表述「普遍性原則」之中，可以看到盧梭的普遍意志觀點的影響，其第二表述「人性目的原則」亦可以看到盧梭的教育哲學的影響。

[41] 對於盧梭來說，自由是一個經驗的事實，我們無須證明。但是對於康德來說，這是一個最困難的哲學難題。因為，我們該如何證明人類有自然法則之外的實踐自由？康德的線索是道德法則。因為人有道德法則，而道德法則與自然法則是平行的，所以人類行動可以不受自然法則支配。但是，我們可以進一步追問的問題是：那道德法則從何而來？康德會回答，因為我們有自由，所以我們可以有道德法則。這就陷入了自由與道德之間「雞生蛋、蛋生雞」的循環問題。康德對於這個自由與道德的循環問題非常困擾，所以才在《道德形上學基礎》之後又寫了《實踐理性批判》（康德原本只打算寫《純粹理性批判》，後續的兩大批判都是因為他被未完成的哲學問題困擾，才一一催逼出來的），他最終的解決方案也只能說：自由與道德的法則乃是一項「理性的事實」（fact of reason; Factum der Vernunft）。（KpV, AA 05: 31）而這個「理性的事實」的說法就替自由與道德的循環問題劃下終點，既無須也無法再追問下去了。

（duty; *Pflicht*）就是人的應當作為與應當不作為，例如：「人應當幫助他人」（作為），或者「人不應當說謊」（不作為）。因此，若我們對於道德的內涵加以剖析，我們可以發現所謂的道德，基本上乃是由各種義務所構成的，而義務乃是以命令句（imperative; *Imperativ*）的形式呈現。

但是，難道所有的命令句都是我們的義務，都是我們應當遵循的道德？當然不是。康德區分了兩種類型的命令句，第一種是假言命令（hypothetical imperative; *hypothetischer Imperativ*），第二種是定言命令（categorical imperative; *kategorischer Imperativ*）。[42] 所謂的定言與假言之分，乃是一個邏輯上的區分，假言是條件句，定言則是直述句。基本上，假言命令是以一種條件句的方式呈現的命令句，例如：「若你想上天堂，你應當成為一個行義的人」。在這個句子中，雖然包含了命令句的結論，但是它卻有另一個前提作為條件。我們可以進一步追問，一個遵行這句假言命令的人，他的行動動機究竟是為了上天堂，還是純粹當一位行義的人？如果一個人是為了上天堂才做好事，那他有資格被稱為有道德的人嗎？康德認為，真正的道德應當是為了義務而義務，而不是為了義務以外的動機。[43] 因此，康德認為，所有以假言命令呈現的貌似道德的要求，都不是真正的道德。

---

[42] GMS, AA 04: 414.

[43] 這就是康德對於「出於義務」（from duty; *aus Pflicht*）與「合乎義務」（in conformity with duty; *pflichtmäßig*）的區分。前者才是為了義務而義務，後者則是為了其他動機而恰好符合義務的要求而已，並非真的出於義務的驅策。（GMS, AA 04: 397-398）

康德總結，道德的唯一呈現形式乃是定言命令的形式。定言命令是以不帶條件的、直述的方式呈現的命令句，例如：「汝不可殺人」或「汝應濟弱扶傾」都是不帶前提條件的定言命令。

但是，難道所有直述句的命令都是康德所謂的定言命令？如果是的話，強盜喊出的「拿出錢財來」豈不也是定言命令？而乖乖奉上錢財則變成被害人的義務？顯然不是如此。康德認為真正的定言命令，不只是直述的命令，而且它必須是一個可普遍化的命令句，因此康德說：

只依你能同時意欲它成為普遍法則的格律而行動。[44]

所謂的格律，就是個人行動的主觀原則。一般而言，我們的生命中有許多格律或個人的行為準則，例如我們認為自己應當遵守交通規則、應當有禮貌、應當服從法律規定等等，但是個人的格律不一定具有普遍性，因為它通常受個人的愛好（inclination; *Neigung*）所左右。例如，一位英國人基於自己的愛好而認為自己「每逢下午應當喝茶」，但不代表全世界的人都應當將「每逢下午應當喝茶」視為是自己的義務。因此康德認為，當我們的格律可以被普遍化的時候（也就是，假想全世界都遵循），是否會產生邏輯上的衝突或者窒礙難行之處，如果會的話，那這個格律就不會是我們應當無條件實踐的義務。

---

[44] GMS, AA 04: 421.

對於康德來說，定言命令是一個道德的除錯程序[45]，它可以幫我們排除掉許多假道德與假義務。當有人對我們提出一個義務的要求時，我們可以藉由定言命令來檢視這項要求是否具有普遍性。但是，我們不能將定言命令當作是道德本身，因為它本身是空洞的，它只是道德必須符合的原則要求。

同樣的檢驗原則也被康德運用到他後來發展的法權論，他說：「無論是法權論或德性論都來自於同樣的定言命令：依那可以成立為普遍法則的格律而行。」[46] 換言之，一個法權的宣稱究竟是正當或是不正當的，康德認為也可以用定言命令加以檢驗。回到先前提過的例子，人是否可以任意毀棄契約？康德認為，「只要對我有利益，我就可以毀棄先前的契約」並不是一個可以普遍化的格律，因為它會使得「契約」這個東西無法存在（因為從此沒有人會相信契約的效力），因此這個格律不能成為法權的內容，因此是不正義的。

（二）理性與人性尊嚴

然而，康德的定言命令作為一種道德的除錯程序，並不僅僅有前面所提的普遍性原則。康德在《道德形上學基礎》

---

[45] 羅爾斯也認為，康德所談的定言令式，乃是一個逐步將我們的格律客觀化與普遍化的程序，在這個程序裡，我們的主觀格律必須通過層層淬鍊，才能成為客觀原則，因此他將定言命令視為是一種檢驗格律的過程，可以稱為「定言命令程序」（CI-procedure）。（Rawls, 2000: 162-176）但是羅爾斯的觀點是一種正面表達的建構論（constructivism），他認為康德是透過定言命令來建構道德。本書的立場卻沒有那麼強烈，本書僅僅將定言命令視為是一種道德除錯的程序，而不是道德建構的程序。

[46] MS, AA 06: 225.

總共提出了三個定言命令的原則,除了普遍性原則之外,另外兩個分別是人性目的原則與自律原則,而這三個原則構成了康德所謂的「進程」(progress; *Fortgang*)[47]。這也就是說,當我們在檢驗一個格律是否可以成為真正的道德義務時,我們首先應該檢驗它是否可以被普遍化(普遍性原則),接著進一步檢驗這個格律是否將人視為是目的而不僅是工具(人性目的原則),最後再檢驗這個格律是否可通過行動者的理性立法,而成為一個可能的道德王國的普遍法則(自律原則)。在康德的義務論中,這三項原則是一套完整的進程,而不是三個各自獨立、可以拆解開來的原則。

為了避免誤解,因此康德強調,這三個原則只是同一個定言命令的不同表述(formulae; *Formeln*),不能被視為是三個獨立的原則,它們只是同一個定言命令的不同面向。因此,康德清楚地聲明,其中任何一個表述也都同時涵攝其他另外兩個表述,彼此是互相連結、不可分割的。[48]

關於第一個表述(普遍性原則),前一節已經有所討論。接下來要討論的是定言命令的第二個表述(人性目的原則)。康德認為,當一個人能夠思考自身的格律是否具有普遍性、是否能成為必然的法則時,這個人就已經是一個具有理性的存有者(rational being; *vernünftiges Wesen*)。[49]在康德看來,理性存有者本身就具有絕對價值,他不應該成為其他

---

[47] GMS, AA 04: 436.

[48] GMS, AA 04: 436.

[49] GMS, AA 04: 426.

事物的工具（means; *Mittel*）而已，理性存有者應當被視為是目的（end; *Zweck*）。[50] 因此康德從定言命令推論出第二個表述：

> 始終將你自身與他人身上的人性（humanity; *Menschheit*）當作是目的來對待，絕不僅僅當作工具使用。[51]

在這個人性目的原則的表述中，康德主張人性具有不可取代的絕對價值，因此不管是任何人都不能僅僅被當作工具來對待。

舉例來說，康德認為人有不說謊的義務，因為說謊的本質就是以虛假的承諾換得他人的信任，因此說謊是將他人當作是工具來對待，而不是當作目的來尊重。此外，康德反對自殺，因為他認為自殺的人乃是將自身人性當作可以隨時拋棄的工具，而忽略了自身生命的絕對價值。

但是，康德所謂的「人性」究竟是什麼？是指人類的七情六慾的感性，還是人類的理性？基本上，從康德在第二表述的前後文可以看出來，他是從理性存有者本身的價值推論出他的人性目的原則，因此，康德在此所謂的人性指的就是人類身為理性存有者的特性。在康德看來，人類因為具有理性，所以具有絕對的價值，而人性尊嚴的基礎正是在於人類

---

[50] GMS, AA 04: 428.

[51] GMS, AA 04: 429.

所具有的理性。在康德看來,理性存有者不僅包含人類,甚至還包含了天使與上帝,因為這些理性存有者都具有透過理性來思考必然而普遍的法則的能力,因此他們也都是目的,而不能被當作工具對待。

相形之下,人類以外的動物的地位如何?康德認為,人類以外的動物只有感性,缺乏理性,因此它們的道德地位較人類低下,不具備跟人一樣的法權。儘管如此,康德認為我們對於動物仍有「避免殘酷對待」的義務,因為習於殘酷對待其他動物的人,久而久之會鈍化自己對於動物受苦的情感,進一步侵蝕自己對於其他人類情感的感受,最終弱化了自己的道德。[52] 因此,在康德的正義觀中,動物雖然不是目的,但也不是可以加以濫用的工具。

(三)邁向道德的目的王國

根據定言命令的前兩個表述,康德推論出人類乃是具有絕對尊嚴的理性存有者。身為理性存有者的重要特性之一,就是能思考普遍的道德法則,在康德看來,這就是一種立法（lawgiving; *Gesetzgebung*）的能力。因為當我們設想自己的格律能否成為普遍法則時,我們就如同是道德的立法者一般,為自己的行動尋求規範。因此康德推出了定言命令的第三個表述:

> 每個理性存有者的意志乃是一個普遍立法的意志。[53]

---

[52] MS, AA 06: 443.

[53] GMS, AA 04: 431.

在康德看來，一個理性存有者具有思考普遍法則的能力，因此他就如同一個自我立法的存在者。所謂的自我立法，就是康德明顯受到盧梭啟發的自律概念（autonomy; *Autonomie*）：一個人只服從他自己制定的、但卻普遍的法則。[54] 因此，定言命令的第三個表述就被稱為自律原則。

在自律原則之內，康德進一步闡釋，人類作為理性的立法者，不僅僅是為自己立法，而要同時想像自己如同是在為一個王國立法。這個王國就是康德所說的目的王國（kingdom of ends; *Reich der Zwecke*）。[55] 康德認為我們可以將世界區分為兩個領域，一個是遵守自然法則的自然王國（kingdom of nature; *Reich der Natur*），日月星辰與草木鳥獸都遵守其規律，另一個領域則是遵守道德法則的目的王國，只有理性存有者才能夠是它的成員。

但是，康德所說的兩種王國只是一個比喻，並不是指兩個截然不同的實體世界，也不是現世與天堂的區別，而只是我們當下看世界的兩種不同角度。自然王國是一種從實然角度投射出的世界觀，目的王國則是從應然角度投射出的世界觀。

換言之，如果我們不運用自己的自由意志，而只是懵懵懂懂地隨波逐流、隨著動物本能而活，那我們就跟大自然裡的萬物沒有差別，我們都將只是遵循自然法則的規律而生死

---

[54] GMS, AA 04: 432-433.

[55] GMS, AA 04: 432-433.

循環,那我們看到的就只是實然的自然王國而已。但是當我們發揮理性,為自己的行為立法,實踐自己應然的義務,那我們就會看到另外一個井然有序的道德世界的存在,這就是康德所謂的目的王國。

然而,人類如果放棄理性、背離道德義務,那目的王國就不會存在。康德認為目的王國只是一個實踐的理念(practical idea; *praktische Idee*),它並不存在於自然世界,而是透過我們的實踐才可以實現的可能性。[56] 因此,道德的目的王國乃是理性存有者透過自身理性的立法才得以存在的可能世界。

接著的問題是:道德法則究竟從何而來?難道都是我們這些理性的立法者建構出來的嗎?如此一來,道德的目的王國不就是一種人類的建構,就如同人類透過原初契約創造國家一樣嗎?又或者道德的目的王國與道德法則乃是客觀的存在,只是猶待人類發揮理性加以追認?這些問題是當代康德研究者們經常辯論的問題。[57]

---

[56] GMS, AA 04: 436.

[57] 在這個問題上最基本的立場有「建構說」與「追認說」之別。採取「建構說」的以羅爾斯為代表(Rawls, 1980),主張「追認說」的則可以伍德為代表(Wood, 1993)。這兩者立場的差異,在於建構說認為道德法則並非獨立於人的心靈之外,而必須透過人的實踐理性與自由意志加以建構;至於追認說則認為道德法則乃獨立於人的心靈之外,但是必須經過人的自由意志加以追認。追認說認為所謂人為道德立法,並非由人創設道德法則,而是透過定言命令的檢驗,使個人的格律從主觀原則提升至客觀原則的境界;因此,人所立之法,實乃格律,而非道德法則,而康德所謂的目的王國更非人所創設的標的。建構說則同意追認說所言,我們立法的對象不是道德法則,而是格律,但是建構說則反對將目的王國視為是一個獨立於人心靈、已然存在的領域,對於建構論者來說,目的王國並不存在,它僅是一個供我們趨近的理念。

在康德看來，我們這些理性的存有者都是立法者，因為我們的理性使得我們可以透過法則來制定我們行為的格律，換言之，我們立的法不是道德法則本身，而是我們行為的格律。那誰才是道德法則本身的真正作者呢？他也指出，立法者並非法則的真正作者，真正的作者彷彿是如同神聖意志一般的最高立法意志，但是這也只是理念而已，不具備經驗的實在性。[58] 那這個最高的立法意志究竟是神還是理性本身？康德在此留了個曖昧的空間，並未進一步闡釋。比較沒有疑問的是，康德認為我們透過理性立法的標的是我們的格律，所謂的人類為道德立法，指的是透過定言命令來檢驗自身的格律能否成為普遍法則，而非制定道德法則本身，因為道德法則本身只是一項理念，不具有經驗的實在性，道德法則只是人類應當努力趨近的理想。

四、正義的主觀基礎

無論是前批判時期或是批判時期[59]，康德一向非常關注人類道德行動背後的心理動機：我們為什麼要依義務而行？是什麼樣的動機使得我們做出合乎道德的行為？道德如何對人心產生約束力？這些道德心理學的問題向來困擾著康德。

---

[58] MS, 06: 227.

[59] 康德哲學的前批判與批判時期乃是以他 1781 年出版了《純粹理性批判》作為分水嶺。在這個轉變之前，康德經歷了長達十年的沉思期，期間幾乎沒有出版正式著作，被稱為康德的「沉默的十年」（the silent decade），在這十年中，康德醞釀了他的《純粹理性批判》。

因為康德作為一個義務論者，他無法接受人類的道德動機只是奠基於經驗性的愛好，在他看來，那些都只是「合乎義務」的行為，道德價值並不純粹。舉前例來說，如果商人的童叟無欺的動機只是為了賺錢，那它的價值肯定比不上誠實的動機。康德所要追求的是真正的「出於義務」，也就是為了義務而義務，不為其他外在的動機。

但是人類如何能夠為了義務而義務？義務本身就有驅動力了嗎？是否需要某種道德情感的中介，進一步激發我們的行動？這些問題的答案，可以幫助我們理解康德正義理論背後的心理基礎（也就是正義的主觀基礎）。

康德承認，若沒有這些心理動機的驅動，人類不可能遵行義務。在人類遵行義務的心理動機中，最重要的就是愛（love; *Liebe*）與敬重心（respect; *Achtung*）這兩種道德情感。康德指出，當人在實踐對於他人的義務時，伴隨而來的情感就是愛和敬重心。[60] 換言之，是什麼樣的情感讓我們成為一個正義的人？在康德看來，就是對於鄰人的愛，以及對於人性尊嚴的敬重心。

（一）道德的點金石

前批判時期的康德，受當時流行的情感主義的影響，也探討道德的情感基礎。在當時的討論中，最核心的問題就是：道德動機究竟是來自理性，還是來自人類的情感？例如，前面兩章討論的休謨與盧梭，都是情感主義者，他們都相信

---

[60] MS, AA 06: 448.

道德的驅動力來自於人的情感,而不是來自冰冷的理性。前批判時期的康德,在追問這個問題時,受到了情感主義的影響,也懷疑理性本身的驅動力。他在倫理學的講座中指出:

> 當我透過知性(understanding; *Verstand*)[61] 判斷一個行為在道德上是善的,我距離實行此一行為依然十分遙遠。如果這個判斷驅使了我去實行此一行為,那就是道德情感(moral feeling; moralisches Gefühl)所造成的。從來沒有人可以理解知性如何具有驅動力;知性確實可以下判斷,但若要給這判斷一種力量,使它成為驅策意志去實行行為的動機——了解這箇中緣由就像是找到了點金石(the philosophers stone; *der Stein der Weisen*)。[62]

康德在此將「道德對於行動的驅動力」,視之為道德的「點金石」,是個大家夢想要發現,卻遍尋不著的對象。

在這段話中,康德清楚地區分「道德判斷」本身以及它的「驅動力」的不同。他認為,即使我們有了明確的道德判斷,但這不代表我們因此就有執行它的驅動力。舉例來說,就算我在理性上知道,說謊是不對的,但這項道德判斷不一定能阻止我不去說謊,因為決定人的行動的基礎,往往不是客觀的理性,而是主觀的情感。此時期的康德很明顯地受到

---

[61] 康德所謂的知性,是指人類運用規則與概念的能力,屬於我們廣義理解下的理性,因此後文就直接將知性與理性(廣義的)直接交叉使用。

[62] Kant, *Moralphilosophie Collins*(V-Mo/Collins), AA 27: 1428.

情感主義的影響，因此他特別突出情感的重要性，而他認為道德行動的真正驅動力是來自於人的道德情感。

儘管康德受到情感主義的影響，但是他的理性主義精神並沒有立刻退讓。他同意情感主義的主張，道德情感是驅動人們行動的力量，但是這個道德情感是完全來自人的感性，又或者道德情感是由理性所產生的？這是有疑義的。如果道德情感完全來自人的感性基礎，就康德看來，那道德就變成一種經驗事實，因而人人各行其是，道德哲學也就變成一種人類學。

康德的使命，是要為人類的行動尋找出如同牛頓的自然法則一樣放諸四海皆準的道德法則。因此康德無法接受「道德情感來自感性經驗」的結論，他希望從客觀的道德法則中找到道德情感的源起，他要證明理性確實能形成道德動機。但是在前批判時期，康德的努力並沒有得到結果，他所追尋的解答如同點金石一般，是一個無法實現的探索。康德的追尋到了批判時期，才有了更明確的成果。

（二）正義與愛

進入了批判時期的《道德形上學基礎》，康德從定言命令中發現了人類的實踐理性的普遍法則：只依你能同時意欲它成為普遍法則的格律而行動。當我們運用理性，意識到了這個法則時，我們就在內心產生了一種具有拘束力的動機，也就是康德所說的義務。義務（duty; *Pflicht*）是驅使我們有所作為或不作為的動機，它的來源是理性的。而來自感性的

動機，康德將之稱為愛好（inclination; *Neigung*）。義務與愛好是兩個驅使我們行動的最主要動機，前者的基礎是客觀的理性，後者的基礎是主觀的感性，兩者的道德價值有如雲泥之別。

舉孟子所說的「孺子將入於井」為例。一個人見到小孩子要掉入井中，急忙出手相救，這是一件善事。但是同樣的外部行動卻可能有不同的內心動機。救人者的動機可能是「內交於孺子之父母」，也可能是「要譽於鄉黨朋友」，這些動機都是有利益考量的感性的愛好。但假使救人的動機是「為了救人而救人」，出乎純粹的「怵惕惻隱之心」，這個動機則是理性的義務。雖然同樣是救人的舉動，但顯然地，出於義務的行動具有最高的道德價值。

但是，義務的道德動機，究竟是一種什麼樣的情感呢？康德認為這種情感不是感性的，而是理性的，不是生理愛，而是實踐愛，不是畏懼心，而是敬重心。義務的情感就是愛與敬重心。

首先，讓我們理解究竟出於義務的愛是什麼樣的情感。舉例來說，康德要我們重新理解「愛你的鄰人」的道德命令：

> 我們該如何理解要求我們去愛我們的鄰人的命令？甚至是要愛我們的敵人？如果此處的愛被當作是一種愛好的話，當然無法被命令，但是如果這個愛是出於義務的善行的話，縱使完全沒有愛好可以驅使我們去做它，甚至於油然而生一種厭惡感，這種善行的情感基

礎是一種實踐愛，而不是生理愛。這種愛存於人的意志中，而不是在人的感覺中，存在於人的行為的原則，而不是溫柔的同情。只有這種實踐愛才能夠被命令。[63]

康德認為，如果是發乎感性的愛，那「愛你的鄰人」的命令就不可能落實，因為我們無法透過命令與要求產生任何生理性的愛。康德因此重新詮釋「愛你的鄰人」究竟是如何的一種愛。他認為，這種愛是一種原則之愛，我們愛的是原則本身。因此康德將之稱為實踐愛（practical love; *praktische Liebe*）。

回到正義的問題。康德認為國家在徵稅時必須對窮人有所優待。為什麼國家對人民徵稅的稅率有差異？為什麼富人應當繳納更高的稅率？是什麼樣的情感支撐這樣的租稅正義？是因為富人有愛窮人的義務嗎？如果從康德的角度回答，他會認為沒錯，富人確實有愛窮人的義務，但這個愛不是一種發自愉悅情緒的生理愛，而是對於公平正義原則的實踐愛。實踐愛是一種基於原則的愛，因此它是可以被命令與要求的

（三）正義與敬重心

義務的第二種情感，是一種敬重的情感。康德認為，敬重心跟畏懼心是兩種不同的情感，前者是來自理性，後者

---

[63] GMS, AA 04: 399.

則是來自感性。[64] 舉例來說，我們遵守法律的動機很多種，有的人的動機是因為害怕違法後的懲罰，因此選擇守法；有的人是因為法律本身的莊嚴性與普遍性而守法；前者的情感是一種畏懼的情感，後者則是一種敬重的情感。因此康德強調，義務的動機不是愛好，而是出於對於法則的敬重心。[65] 一個真正出於義務的行為，不是為了服務自己的愛好，而且，甚至往往會壓制自己的愛好。

而人的敬重心的對象，究竟是什麼？是行動者本身？是行動本身？還是法則本身？簡單地說，我們的敬重心的對象，不是對於人的臣服，也不是對於行動本身的崇拜，而是對於法則本身的崇敬。因此，康德指出，敬重心的對象就是道德法則。[66]

為什麼我們會對道德法則產生敬重心？康德認為，當我們通過理性去認識到道德法則的普遍性時，我們會意識到我們生為理性存有者的事實，而這個理性的稟賦使我們得以有不受自然法則決定的意志自由，使我們如同道德的立法者一般。當我們發現到道德法則竟如同支配萬物規律的自然法則一樣崇高時，我們內心自然就產生了敬重心。因此康德才在《實踐理性批判》結尾時讚嘆，天上的滿天星辰與胸中的道德法則，是讓他每日越是反思越是感到崇拜與敬畏的兩件事。[67]

---

[64] GMS, AA 04: 401. f.

[65] GMS, AA 04: 400-401.

[66] GMS, AA 04: 402.

[67] GMS, AA 04: 402.

除了對於道德法則的敬重心，康德也認為對於他人的法權，也會在我們心中產生敬重心。[68] 我們為何會尊重他人擁有的法權？不是因為我們畏懼他們，也不是因為出於同情心，而是因為法權的基礎是來自於普遍的法則，我們同樣是出於對於法則的敬重，因此我們對於他人的法權、對於正義，同樣會有基於理性的敬重心。

總結以上的討論，康德認為正義的情感基礎有兩個重要的來源，一個是實踐愛，一個是敬重心。這兩種情感不是來自人類生理的感性條件，不是來自我們的愛好與私利，而是出自於理性加諸於我們的要求，當我們在理性上承認正義的有效性與正當性時，我們會產生一種對於原則的愛，以及對於原則的敬重心。這兩者就構成了正義的主觀基礎。

五、正義的必要

儘管康德從理性的角度論證了人類各種的道德義務，但是道德本身並沒有實際的拘束力，道德只有理性上的強制性。人類的私念與愛好是如此強烈，以至於我們無法阻止一個人刻意背棄理性加諸於他的命令，我們也無法要求每個人都確實履行其道德義務。因此，法權的存在就顯得相當重要，因為承襲普遍法則而來的法權，透過原初契約形成公權力，國家法權具有懲罰權等等規範不法的手段，是具有實際的拘束力的。

---

[68] MS, AA 06: 488.

康德在〈論永久和平：一項哲學性規畫〉（*Verkündigung des nahen Abschlusses eines Tractats zum ewigen Frieden in der Philosophie*，簡稱為 VNAEF）中甚至宣稱，透過法權，我們可以使魔鬼一般的民族也成為守法的公民。[69] 前面已經討論了許多法權的內涵與效果，但是人類社會為何從一個野蠻的自然狀態進入一個法權狀態？是什麼因素促使著人類接受原初契約並進入法權狀態？本節將討論這些問題。康德晚期時寫了許多的歷史與政治哲學的論文，或多或少都圍繞在這些問題上。

在康德的晚期著作中，大致上，我們可以歸納出康德關於法權源起的兩個論證。第一個論證是人類歷史的目的論（teleology）論證。康德認為從今人的角度看來，人類歷史的發展過程展現了一種合目的性，讓人類的理性獲得最高的發展；而為了促使人類此一任務的實現，大自然隱隱然地透過人類的天性，促使了國家法權與國際法權的出現，並透過法權達到了世界公民的最高境界。

康德的第二個論證是永久和平論的論證，這個論證的本質是一種制度性論證。康德認為，永久和平的理念驅使了人類建立國與國之間的法權，並透過國際聯盟確保了此一可能，若無國際法權的保障，不僅國與國的紛爭無法解決，一個長治久安的國家法權也無從建立。

---

[69] VNAEF, 08: 366.

這兩個論證背後，其實預設了康德的「根本惡」的人性論，他認為，人類雖有善的自然稟賦，卻也有向惡的性癖，這是人類無法根除的根本惡，唯有透過法權與道德的強制，人類才能充分發揮其理性的使命。

（一）歷史目的論

康德關於人類歷史的目的論，乃主張人類歷史的發展有其內在的「合目的性」（purposiveness; *Zweckmäßigkeit*）。雖然人類歷史的「目的本身」為何，人類無法有所洞見，但是我們可以設想，假使人類歷史是有目的而非偶發的，那麼我們又該如何理解人類歷史發展的理路。康德的〈世界公民觀點下的普遍歷史理念〉（*Idee zu einer allgemeinen Geschichte in weltbürgerlicher Absicht*，簡稱為 IaG）就是一個這樣的初步嘗試，他試圖理解人類歷史的目的究竟是什麼。

康德認為，人類理性有一個宿命，就是不管有沒有可能獲得答案，人類都會試圖去追問事物存在的目的，因為人類理性似乎拒絕接受這個世界是偶發而沒有目的。[70] 在康德看來，牛頓因為假設了這個世界的合乎法則，因此他所發現的自然法則幫助我們洞見了大自然的規律，如果我們預設人類歷史也具有類似的合目的性，或許我們可以洞見人類歷史的發展規律。因此，在這篇小論文中，康德提出了九個命題（proposition; *Satz*），從今人的角度逆推回去，以說明人類歷史的發展。

---

[70] IaG, AA 08: 25.

在第一條命題中,康德認為,人類的自然稟賦註定會獲得合目的性的開展,而不會平白浪費掉,因為一切生物官能之所以存在,都有其目的,這是目的論的基本假設。[71]

接著的第二命題中,康德認為,人類身上最重要的稟賦就是理性,這個理性必定會獲得發展與成長。但是人類的理性該如何發揮?康德認為,人類理性的發展不能僅僅依賴個體,理性必須在人類的群體中才能完全地發展,我們要透過一代一代的傳遞知識、不斷地開化,人類理性才能得到充分的發揮。[72] 這個主張跟他同一年發表的〈答何謂啟蒙〉的論點是一致的,康德認為人類若要獲得真正的啟蒙,不能只仰賴一己之力,而是要仰賴眾人之力,共同在公共領域中進行理性的公共使用。[73]

在第四命題中,康德提出了一個相當具有爭議的觀點,他認為,大自然如何促進人類的自然稟賦的全面發展呢?就是透過人類基於自然稟賦所造成的彼此之間的「敵對」(antagonism; *Antagonism*)。康德所謂的敵對是指,人類天生就有一種「反社會的社會性」(unsocial sociability; *ungesellige Geselligkeit*)的稟賦,我們有群聚的本能愛好,但我們也有離群的性癖,而這種反社會的性癖讓我們有一種想要掌握一切的特質。[74] 換言之,我們既離不開社會,也受不了社會。

---

[71] IaG, AA 08: 18.
[72] IaG, AA 08: 19-20.
[73] WA, AA 08: 36-37.
[74] IaG, AA 08: 20-21.

有趣的是，康德認為人們這種敵對的反社會性，是人類的榮譽狂、支配欲與貪婪心的來源，但也是因為有這種敵對的天性，人類才會相互競爭、相互比較。也因為這樣，人類的文化才慢慢發展起來。因為，如果沒有競爭與敵對，人類還會繼續活在恬淡純真而懵懂溫馴的田園生活中，人類的文化就無法浮現。

康德進一步在第五命題中推論，人類之間的敵對雖然激發出文化的火花，但是過度而不受節制的敵對也會使得群聚的社會不可能存在，因此人類為了解決這個問題，進而創造了一個有法權的政治社會。[75] 換言之，人類之所以進入法權狀態，是因為人類的自然稟賦逐步發展下的必然結果。因此，在康德看來，法權狀態的誕生與人類理性的合目的性是一致的，法權是人類歷史發展的必然結果，而其中借助的媒介是人類的敵對天性。

在康德的構想中，國家法權與國際法權是無法脫鉤的。因為，在這個世界上，沒有一個國家可以獨立存在而不與他國發生關聯，一個國家的命運是與其鄰國休戚與共的。因此，康德從國家法權的源起談到了國際法權存在的必要性。康德在第七命題進一步指出，為了確立國家的法權，我們需要一套完美的公民憲法，但是國與國之間如果沒有合法則的關係，那再完美的憲法也是徒然。[76] 因為如同人與人之間必然有敵對的可能，國家與國家之間也有戰爭的可能。但是康德

---

[75] IaG, AA 08: 22.

[76] IaG, AA 08: 24.

認為大自然在此展現了其巧妙的安排,因為人與人的敵對,以至於有國家法權的產生,而國與國的戰爭,則進一步促進了國際法權的出現。因此,康德認為,人類歷史在此又進一步展現它的合目的性,人類對於戰爭的戒慎與厭倦促進了一個跨越國家的國際聯盟的出現。

康德在第五命題與第七命題分別論證了國家法權與國際法權的必要性,接著,康德在第八命題中總結了這兩者的發展:

> 我們可以將人類的歷史大致上視為是大自然的一項隱藏計畫(hidden plan; *verborgener Plan*)的履行,這個計劃就是在國家之內實施一部完美的憲法,而且為了此一目的,國家之外也實施一部完美的憲法,只有在這種狀態下,大自然才能完全發展人性(humanity; *Menschheit*)的一切自然稟賦。[77]

在康德看來,國家法權與國際法權必須同時存在,才能夠達到人類理性的開展發揮。而當內外的法權狀態都確立之後,康德最終設想的人類發展,就是在人類之中創造一個完美的公民聯合(civil union; *bürgerliche Vereinigung*)。[78] 在這個康德的理想境界裡,我們都是世界公民,我們共享了和平的生活,這是大自然關於人類歷史發展之隱藏計畫(從敵對的戰爭導向了有法則的和平)。

---

[77] IaG, AA 08: 27.

[78] IaG, AA 08: 29.

康德在後續的〈人類歷史的臆測開端〉（*Mutmaßlicher Anfang der Menschheitsgeschichte*，簡稱為 MAM），也談到類似的目的論的進程。康德同樣認為，人類的歷史乃是人類理性的開展過程。康德認為，人類在野蠻階段時首先受到本能的驅策，之後開始慢慢發揮理性，並透過想像力而產生越來越多的欲望；接著，這些野蠻的欲望逐漸地變得更為複雜而精緻，甚至開始產生美的品味；然後，人類不僅僅滿足於當下的需求，人類開始思考未來，組成家庭，並且養育下一代；最後的第四階段，人類的理性發展到了最高階段，人類開始意識到自己與其他動物是截然不同的，人類被提升到理性存有者的高度，而意識到自己本身就是目的，而所有理性存有者之間在地位上是平等的。[79] 這種平等概念與人人皆為目的的觀點，衍生出了人性尊嚴與平等權的概念，而它們其實就是法權社會的基本原理。因此，在康德看來，法權的誕生與人類理性的發展息息相關，是人類歷史發展的內在目的。但是，這一種目的論的觀點，是以今人的角度逆推回去，是一種理論的假設，而不是奠基在嚴謹的經驗證據上。

（二）永久和平論

相較於歷史目的論的論證，康德在〈論永久和平〉中建立的，則是一種制度性論證，因為，它的論證是建立在「如果人類要追求永久和平，人類應當建立何種制度以確保之」的問題意識上，它所關心的是制度設計的問題，因此少了許多目的論的臆想，並且多了更多的人類政治史的證據。康德

---

[79] MAM, AA 08: 111-115.

在文章中雖然也夾帶了歷史目的論的討論,但是他只是將歷史目的論當作是思考的背景,而不是制度的必要基礎。[80] 就算我們將歷史目的論整個抽掉,永久和平論作為一種制度性論證,仍舊是可以獨立存在的,因此,康德的永久和平論完全可以獨立於歷史目的論之外的論證類型。

在這篇論文中,康德首先從制度的角度論證永久和平（perpetual peace; *ewiger Frieden*）的可能性。他提出了三項確定條款,以確保永久和平理想的實踐。[81] 第一項條款是:每個國家的憲法都應當是共和制的。[82] 康德的理由很簡單,因為一個共和制的國家開戰的機率最低[83];在一個共和國裡,因為宣戰需要所有公民的同意,公民在慎思戰爭的災難結果後,會比一個君主獨斷的專制國家更為小心使用戰爭的手段,專制國家甚至往往因為君主的面子問題而開戰。[84] 因此,確保永久和平的第一步,就是讓每個國家都成為共和制的國度。

永久和平的第二個條款是:國際法應當建立在自由國家間的聯邦主義（federalism; *Föderalism*）之上。[85] 這個條款指

---

[80] MAM, AA 08: 111-115.

[81] 除了以上三條確定條款之外,康德也加入了六條臨時條款,但與法權源起的論證無關,因此在此略過不討論。

[82] WA, AA 08: 349.

[83] 羅爾斯也借用了康德的這個論點,他認為康德的這個論點是對的,從人類現有的歷史經驗來看,民主國家彼此之間不會相互開戰,因此,民主制度對於維繫國際政治穩定性的說法,確實是成立的。（Rawls, 1999b: 46-48）

[84] WA, AA 08: 351.

[85] WA, AA 08: 354.

的就是國與國之間必須建立國際聯盟,以確保國際法權的存在,因國與國之間脣齒相依,若沒有共同的規範約束彼此的行為,戰爭也不會有止息的一天。因此,基於永久和平的需要,國際法權的存在是一項必要條件。康德這項先驅性的見解,也成為二十世紀的國際聯盟與聯合國的重要理論基礎。

第三條確定條款是:世界公民權應當被限定於普遍友善(universal hospitality; *allgemeine Hospitalität*)的條件上。[86] 康德認為,所謂的友善(好客)並非是基於一種對於外國人的愛,而是基於外國人具有的法權。他認為,所有的世界公民都有權拜訪世界的任何一個國家,當地國不應當拒絕。康德在當時就已經見證了國家之間日益密切的往來,人民交流日益頻繁,康德認為,有了這項對於世界公民的友善保障,我們越能夠趨近永久和平的理想。從康德臚列的這三個條款看來,法權(包含了國家、國際與世界公民的法權)的存在乃是確保永久和平的制度設計,因此,我們可以將永久和平論視為是一種對於法權存在必要性的論證。這個制度性論證雖然經常與歷史目的論的主張同時呈現,但兩者實在是可以分別獨立的論證。

(三)人的根本惡及其超越

在前文所舉的兩項論證中,康德其實都預設了一種「根本惡」(radical evil; *radicales Böse*)的人性論。所謂人的根本惡是指,人類雖然有向善的自然稟賦(predisposition;

---
[86] WA, AA 08: 357.

Anlage），但是卻也有向惡的性癖（propensity; *Hang*），而這些向惡的性癖會使人從根本上敗壞道德。

在康德看來，人類雖天性向善，但卻也有向惡的性癖，前者完全是人天生而有的稟賦，後者則是人類之任意所造就的。基本上，康德的人性論與盧梭非常相近，盧梭宣稱「萬物在離開造物主之手時都是善的，落入人之手就開始敗壞了」，康德也宣稱「自然的歷史開始於善，因為它是上帝的作品，而自由的歷史開始於惡，因為它是人類的作品」。[87] 這兩人的人性觀基本上是十分相近的。

康德在《純然理性界限內的宗教》（*Die Religion innerhalb der Grenzen der bloßen Vernunft*，簡稱為 RGV）中全面地開展了他的人性論，在他的論述中，也處處可見盧梭人性論的影子。康德首先將人的稟賦區分為三個層面。第一層是人類的動物性（animality; *Thierheit*）的層面。就人類生為動物的事實來看，人類具有一種愛己心（self-love; *Selbstliebe*）的稟賦，因此人類會有確保自身存續的生存本能、繁衍族類的性本能，並且還有群聚的社會本能。[88] 康德認為，這三種基於愛己的本能，其本質是向善的，因此人類懂得保護自己的生命，並且能夠形成家庭、繁衍後代，並且使得社會生活得以可能。康德的觀點很明顯來自於盧梭的愛己心（*amour de soi*）的概念，兩者出入不大。

---

[87] MAM, AA 08: 115.

[88] RGV, AA 06: 26.

接著，人類的第二個層面是人性（humanity; *Menschheit*）的層面。就此面向而言，人類具有一種「比較的愛己心」（comparative self-love; *vergleichende Selbstliebe*），也就是人類會互相比較彼此的幸與不幸，並在他人的眼光中尋求自己的價值。[89] 康德認為，這種比較心是人類追求平等的主要來源，因此是一種向善的稟賦，這種稟賦因為牽涉到人我之間的比較，因此已經是一種理性的運用，而不是動物性的本能。而康德這種「比較的愛己心」也同樣來自盧梭的尊己心（*amour-propre*），但不同的是，康德很明確地指出人類對於平等的追求，完全是來自於這種比較心，因此，康德是對盧梭的尊己心概念採取正面詮釋的第一人，但這種良性詮釋在盧梭的論述中就隱晦得多，盧梭凸顯的往往是尊己心的惡性面，較少正面的發揮。

最後，人類的第三個層面是人格性（personality; *Persönlichkeit*）。康德認為人格性是完全是來自理性的，它使得人類得以對道德法則產生敬重心，並且將道德法則當作自己的行動動機。[90] 因此，人格性也是使得人類天性向善的關鍵稟賦。

以上所舉的三種自然稟賦都是人類生而有之的，而非後天學習得到的。但是，人雖然天性向善，但並不代表人類必然行善，因為人類的行動仍需要後天的任意（choice; *Willkür*）的抉擇。可是當人在抉擇的時候，卻往往被自己的

---

[89] RGV, AA 06: 27.

[90] RGV, AA 06: 27-28.

愛好所眩惑，因而產生了向惡的性癖。對康德來說，人類的性癖是後天養成的，而非生來就是如此，因此與稟賦是兩件不一樣的事情。

康德認為人類向惡的性癖有三種類型。第一類是人性的脆弱（frailty; *Gebrechlichkeit*），也就是當事人在理性上明知某事是對的，但是卻意志軟弱到無法依此行動。[91] 舉例來說，一個人明知不該說謊，卻因為害怕承擔說實話的後果，因此軟弱到不敢吐露真相。這其實就是亞里斯多德所說的意志脆弱（*akrasia*）的問題。

第二種向惡的性癖是人心的不純正（impurity; *Unlauterkeit*），也就是在自己的道德行動當中，摻入了不純正的動機。[92] 以康德常舉的例子來說，一位商人雖然號稱童叟無欺，但是他的原初動機不是為了誠實的義務，而是為了獲得良好商譽，以賺取未來更多的利益。在康德來看，這種動機是不純正的，因為他的動機不是基於誠實的義務，而是利益的動機，因此，其行為僅僅是「合乎義務」，並非真正「出於義務」。

第三種類型則是人心的惡劣（depravity; *Bösartigkeit*），這是最為敗壞的類型，因為惡劣之人是有意地選擇邪惡的格律，並把它視為是應當遵循的道德法則。[93] 例如一個強盜以「欲過此路，留下錢財」作為自己的格律，並且把它當作是

---

[91] RGV, AA 06: 29.

[92] RGV, AA 06: 29-30.

[93] RGV, AA 06: 30.

眾人都應該遵守的道德法則，即是妄以邪惡的格律取代道德法則。

康德認為，人類這些向惡的性癖是無法根除的，只要我們是人類，這些性癖都有可能重新萌芽而生，因此康德將之稱為人的根本惡。康德認為我們既無法根除向惡的性癖，我們應當做的，乃是對於人的向善稟賦的重建（restoration; Wiederherstellung）。[94] 康德之所以將此動作稱之為重建，是因為這些向善的傾向是人類生而有之的稟賦，並未被我們喪失掉，我們所需要的只是重新恢復它的光彩而已。

我們應該如何恢復向善稟賦的光彩？康德認為就是透過美德（virtue; Tugend）的養成。因此我們可以回到康德在《道德形上學》的立場，人類的美德的養成必須遵循自由的普遍法則，它必須從內在的自由與外在的自由同時並行，而法權對於人類外在行為的拘束是其中重要的一步。如同康德在〈論永久和平〉中所宣稱的，創造一個穩定的共和制並非不可能（並非如盧梭所說的需要一個天使的民族才行），只要我們有完備的法權，就算是一個魔鬼的民族也能成為守法的公民。

六、自由、平等與友愛的政治

毫無疑問的，康德所建構的正義體系相當龐大。他的正義觀是一種預設了自由與平等的制度，在這兩個最重要的預

---

[94] RGV, AA 06: 44-47.

設條件下，康德再一一建立起繁複的法權論。在康德的哲學中，自由與平等兩者是有高低排序的。嚴格來說，只有自由是唯一的最高原則（康德稱自由為唯一的固有法權），而平等只是從自由的概念進一步衍生出來的條件。

在政治的場域中，康德的自由概念有兩種不同的類型，一種是不受國家或他人干涉與強迫的消極自由，一種是身為立法者的積極自由。康德的正義理論並沒有明確地區辨這兩種自由的優先順序。是否康德的積極自由會有柏林所擔心的過度氾濫而侵害消極自由的可能？理論上似乎不太可能。因為在康德的理論中，任何的命令與要求，都必須符合普遍性原則、人性目的原則與自律原則，因此，任何侵害個人消極自由的主張，恐怕很難通過如此嚴格的考驗。與盧梭的積極自由概念相比，康德的自由概念顯然更有個人主義的色彩。

此外，康德的平等概念也有兩種不同的類型，一種是道德地位的平等，沒有人是他人的主人，也沒有人是他人的奴隸；第二種平等則是機會的平等，人人都應該有機會獲得與其能力相稱的職位。康德的平等概念，與今日的平等學說相去不遠，在二百多年前的世界更顯得前進。

對康德來說，自由與平等是正義的客觀條件，因為它們都是來自於普遍的道德法則，是我們從理性上便可以肯定的。這兩個條件是一個政治共同體的正當性基礎，它們是正義的必要條件，任何違反自由與平等的法律與政治制度，都是不正當的。但是，自由與平等並不是一個良序的政治共同

體的充分條件。光有自由與平等的客觀基礎仍不足以確保政治的穩定性。我們仍需要給予正義一個主觀基礎，讓這個主觀基礎成為政治共同體的黏著劑。這個黏著劑的來源，就是愛與敬重心這兩種主觀的道德情感。

在康德的概念中，愛與敬重心是兩種相互排斥的情感。一般而言，對於某人與某事的過度的愛，相對地會導致敬重心的減損。同樣地，過度的敬重，也會產生疏離而使愛有所減損。但是，康德認為，有一種東西能夠讓愛與敬重心都獲得發揮，而不至於相互減損。這種東西就是基於道德的友愛（moral friendship; *moralische Freundschaft*）。[95] 康德認為，真正的友愛（愛與敬重並存）是非常難以實現的，因此友愛只是一種理念，是供我們趨近的理想。而康德所追求的友愛，是一種基於道德的友愛，是愛與敬重並存的情感。

康德所談的友愛是一個黏著政治共同體的重要線索。當我們共同生活在一個國度內，我們尊重彼此的自由，我們衷心接受彼此的平等，我們的內心會滋生出康德所謂的又愛又敬的友愛，而這種友愛不是來自於討喜的愉悅，而是建立在道德的基礎上。因此，康德所建構的正義體制，不僅僅是一套實定法的體系，不只是眾多的法權與義務，而是一個兼容自由、平等與友愛的政治。

---

[95] MS, AA 06: 471-473.

第五章

怨恨正義 —— 尼采[*]

一、前言

　　尼采（Friedrich Nietzsche, 1844-1900）是一個孤獨的靈魂，以他常用的字眼來形容，他正是一個與時代格格不入（untimely; *unzeitlich*）的人。他相信自己的時代還沒到來，他將自己著作的讀者設定為下一世代的人，「有些人是死後才誕生」（Some are born posthumously; *Einige*

---

[*] 本章對尼采著作的引述，同時參酌了德文與英文的版本，德文版本所參考的是 Giorgio Colli 與 Mazzino Montinari 編輯的尼采全集 *Kritische Gesamtausgabe* 的數位版（由 Paolo D'Iorio 編輯的 *Digitale Kritische Gesamtausgabe Werke und Briefe*），英文版本所參考的則是劍橋大學出版的一系列尼采著作的英譯本。本文引述尼采的文字，則完全是作者的中文翻譯。由於尼采中晚期的著作多以一節節的短文或警語呈現，因此本章對尼采著作的引述，僅以章節示之，不另外呈現頁碼。

werden posthum geboren）成了他在瘋狂邊緣時再三重覆的自我寫照。[1] 他雖生為德國人（普魯士王國時期），卻一再表示自己鄙視典型的德國人，甚至直言自己無法忍受德國人。[2]

尼采相當早慧，在年僅二十四歲、尚未取得博士學位之時，即已獲得位於瑞士的巴塞爾（Basel）大學的教席，以文獻學學者身分在學術界登場。儘管順利獲得了教職，他的早期著作在文獻學界卻惡評如潮，加上疾病纏身，被迫如彗星般短暫劃過星空，告別了他不到十年的學院生涯。但是他離開了學院、離群索居之後，反而進入他人生最多產、最有原創力的時期。孤獨的尼采，拒絕了他所處的時代，也被他所處的時代忽視，他在陷入瘋狂之後，甚至是死後，才逐漸獲得重視。他大膽地預言：總有一天，人們將會在大學中設立教席專門講授他的哲學。[3] 他身後百年，他在人類思想史上的影響竟與他所預見的相去不遠。

毫無疑問地，尼采是西方哲學史上最有原創性的道德哲學家之一，但也是最有破壞性的一位，他要求我們對於善惡判斷的起源加以懷疑與考察，因此，他是一位最異端的道德哲學家：一位反道德主義者。在主流的觀點下，尼采對於道德與正義的學說是充滿破壞力道的。首先，他不僅對於基督

---

[1] 這句話密集地出現在他陷入完全瘋狂（約是1889年1月）前半年的著作，例如《反基督》(*The Anti-Christ*, "preface") 以及《瞧，這個人》(*Ecce Homo*, "Why I write such good books," §1)。

[2] *Ecce Homo*, "The Wagner case," §4.

[3] *Ecce Homo*, "Why I write such good books," §1.

教文明的道德，甚至是道德本身，展開了嚴厲而毫不留情的總攻擊。另一方面，尼采終其一生對於人人生而平等的正義觀嗤之以鼻，他認為高貴的人必須與低賤的人維持區隔，他更鼓吹一種貴族式的級距感、反對啟蒙運動與法國大革命以來的民主精神。此外，他指出溫順的主流道德乃是一種畜群道德（herd morality; *Heerden-Moral*），是崇尚合群與溫暖的弱者美德。[4] 他更進一步考掘出道德背後的不堪心理動機，不過只是怨恨情感作祟的產物。人人平等與民主制度——這些現代社會的主流價值，都成了尼采的批判對象。而尼采這些偏激的主張，加上其學說被德國納粹政權加冕為官方哲學的不榮譽歷史，更增添尼采哲學的爭議性。

在道德與正義的問題上，尼采是一個令研究者尷尬的存在，你無法迴避他，卻也似乎無法正面擁抱他。我們能討論尼采式的正義嗎？我們能從尼采身上汲取正面的道德學說與啟發嗎？又或者他只是一個全面的破壞者？這是許多當代哲學家的困擾。

以提出知名的「電車問題」的英國道德哲學家符特（Philippa Foot）為例，她斷然地否定尼采的道德哲學。她認為，由於尼采反道德的基進主張、對於正義的嗤之以鼻，因此我們不可能建立一套尼采的正義觀，更不可能提出值得我們借鏡的道德哲學，尼采的學說「與正義敵對」（inimical to justice），我們對其學說的誘惑必須戒慎以對。[5]

---

[4] *Beyond Good and Evil*, §201.

[5] Foot (1994). "Nietzsche's Immoralism," p. 13.

同樣地，以研究全球正義與平等問題聞名的納斯邦（Martha Nussbaum）也表示，尼采並沒有回答政治哲學核心的主題，而且尼采的思想對於政治哲學是一種「有害的影響」（baneful influence）。[6]

但是，尼采真的反對道德嗎？本書試圖辯護的主張是：尼采並非只有負面與否定的道德觀，他的道德思想中仍有正面與積極的面向。只不過，這樣的立場必須經由迂迴的方式加以確立，我們必須先面對尼采對於道德與正義的「破」，才能找到其中「立」的可能。因此，本章第二節先討論尼采的反道德主義，介紹他所謂自由精神的覺醒，以及剖析反道德主義的真實內涵，再探討尼采對於道德的破壞與建設。第三節則討論尼采最核心、最具體系性的一系列道德系譜考察，尤其是他對善惡的起源的探討，以及他對於奴隸道德造反與價值翻轉的觀點，最後再談到他對於道德的正面想像，也就是一種超越既有的善惡框架的生命狀態。

此外，本章另一個重要的部分就是對於尼采的正義理論的重新詮釋。尼采真的不重視正義嗎？人們追求正義背後的心理基礎必然是集體的怨恨情感嗎？尼采的思想對於正義真的「敵對」與「有害」嗎？尼采所說的正義到底是什麼？在許多的相關研究中，往往都忽略了尼采對於正義的論述，對於其豐富的內涵也往往簡單地一語帶過。事實上，尼采在其著作中經常提及對於正義的重視，他甚至認為我們應「在正

---

[6] Nussbaum (1997). "Is Nietzsche a Political Thinker? ," p. 12.

義跟前屈膝，肯認她是我們之上的唯一女神」[7]，他對於正義感的情感基礎更有相當獨到的見地。

在尼采的論述中，正義概念起碼有三個不同的層次。第一種是「正義作為法」的層次，在這個層次裡，尼采將正義視為是強者對於法律的創設，正義即是強者加諸在弱者與眾人身上的公共秩序與集體規範。第二個層次則是「正義作為力量」的層次，尼采將正義同時理解為一種超越法律以上的正當性基礎，而這個正當性基礎就是強者的力量；同時尼采也強調，強者在施展力量時，會注重衡平原則，也會有寬大的施恩，因此不是盲目而無節制的暴力。第三個層次則是「正義作為最高價值」的層次，也就是尼采將正義視為是人類應當追求但是卻永遠無法企及的生命理想，而他認為趨近正義理想的方法就是如同一個自由精神一樣，對自身思想的不斷建構與破壞，成為他所謂的「高貴的背叛者」。

除此之外，尼采一向自恃為一位洞察人性的心理學家，他擅長以道德心理學的角度分析人們的道德動機與正義感的來源。第五節專門討論尼采的道德心理學，尤其是他對於正義感的一系列分析。他認為正義感的來源相當不同，以至於「雖是紫羅蘭但香味卻截然不同」[8]。第一種正義感的來源是尼采最為批判的怨恨情感，尼采認為這是起自於賤民與奴隸的反動情感，是對生命說不的報復情緒。第二種正義感的

---

[7] *Human, All too Human*, I, §637.

[8] *On the Genealogy of Morality*, I, §11.

來源則是貴族的級距感,一種自我榮耀的主動情感,是肯定生命的正面情感。透過這兩種正義感的對比,尼采提出了他理想中的高等人,一種超越善惡、創造價值的存有狀態。

第六節則總結尼采的正義理論,尼采從來不試圖建立一種召喚群體的政治藍圖,他心中的正義是一種個體化的政治,一種追求自我卓越的生存樣態。

二、尼采的反道德主義

一般而言,尼采的著作可以被分為早、中、晚期三個階段,尼采的早期約略是離開巴塞爾大學之前的時期,是屬於「文獻學學者尼采」的時期。尼采此時期的代表作是1872年出版的《悲劇的誕生》(*Die Geburt der Tragödie*),以及出版於1873年至1876年的四篇論文組成的《不合時宜的考察》(*Unzeitgemässe Betrachtungen*),但是,這些作品並沒有得到他學界同儕太大的肯定。

尼采的中期著作包括了1878年至1879年出版的《人性,太過人性》(*Menschliches, Allzumenschliches*)、1881年出版的《晨曦》(*Morgenröthe*),以及1882年出版的《歡快的科學》(*Die Fröhliche Wissenschaft*)。

1883年到1885年寫作的《查拉圖斯特拉如是說》(*Also Sprach Zarathustra*)則進入了尼采的成熟期,成為晚期尼采的開端;之後,他接連於1886年寫了《善與惡的彼岸》(*Jenseits von Gut und Böse*)、1887年寫了《道德的系譜》(*Zur*

Genealogie der Moral）。最後，他在陷入徹底瘋狂前的 1888 年寫作了《反基督》（*Der Antichrist*）、半自傳的《瞧，這個人》（*Ecce Homo*），以及《偶像的黃昏》（*Götzen-Dämmerung*），並且留下了許多筆記與遺稿。

為了充分理解尼采的正義理論，我們有必要進入尼采中晚期的著作，大致地了解他的道德哲學的發展軌跡。其中，轉型的關鍵點是他的《人性，太過人性》，此書代表著他所謂自由精神的覺醒，具有里程碑的意義，如他本人所說的，這本書是代表著他超克人生危機的紀念作。在此書中，尼采也開始提出了他的一種獨特的道德主張：反道德主義。

但是學者對於尼采的反道德主義往往有不同的理解，究竟尼采反對的是「所有的」道德，又或者他反對的僅僅是「某種的」道德，也就是他所處的基督教文明下的道德？這個問題是眾人辯論的焦點。本書傾向於後者的立場，也就是尼采反對的僅是某種類型的道德。因為尼采並不完全反對道德，他也提倡價值，而他所批判的往往是針對他所處的基督教文明下的道德觀。必須注意的是，尼采的反道德主義代表的不只是一種「破」的精神，他也試圖提出正面的「立」，這是一種破壞與建設兼具的立場。

（一）自由精神的覺醒

《人性，太過人性》代表著尼采從早期跨到中期的轉型之作，從此，尼采從一位文獻學學者蛻變為我們如今熟悉的「哲學家尼采」。這個轉折來自於他個人生命中紛至沓來的

挑戰與不幸。尼采在半自傳的《瞧，這個人》中，指出這部作品乃是他人生危機下的紀念作，隨著此書的孕育，他把自己從非屬其本性的事物中解放了出來。[9]尼采所謂的人生危機大致有三個來源。第一個是他作為文獻學者的危機。因為他早期的著作，尤其是他的《悲劇的誕生》，招致文獻學界的惡評，使得他在巴塞爾大學的學術生涯岌岌可危。第二個危機則是他個人生活上的危機。尼采指出，此書脫胎自1876年拜羅伊特音樂節（Bayreuth Festival）期間，此刻正是他與華格納決裂之時，而這場友情的決裂帶給尼采相當大的精神衝擊。第三個危機，則是他日益嚴重的疾病所帶給他的身心折磨。

透過尼采的自我報告，我們可以一窺這些危機對於他思想轉折的重大意義。經過這場危機的淬鍊後，尼采認為自己克服了精神的弱點，他飢渴地閱讀新知識，提升了自我的紀律，在他看來，這些危機象徵著他精神上的痊癒過程。解放了自我之後，尼采擺脫了傳統的價值與習俗對於自己思想的支配，他似乎邁向了他心中設想的「自由精神」（free spirit; *Freigeist*）[10]，一種更能駕馭自我、更具有實驗精神、更敢於冒險、更勇於顛覆舊有價值的精神狀態。

在《人性，太過人性》的序言裡，尼采設想了一個「大

---

[9] *Ecce Homo*, "Why I write such good books," "Human, All Too Human," §1-4.

[10] 與「自由精神」的相對的則是一種「束縛精神」(fettered spirit; *gebundener Geist*)，前者擺脫了傳統價值的捆綁，後者則受拘於既有的價值與信仰。（兩者的比較，見 *Human, All too Human*, I, §225）

脫離」（great liberation; *grosse Loslösung*）的寓言，一個尼采式的覺醒故事。他描述了一個受縛的精神如何從既有價值的桎梏掙脫出來，脫離其安居的所在，並且開始一連串孤獨的精神歷險，最終獲得更為健全自由的精神的過程。這位掙脫枷鎖的人在黑暗中摸索，不知道自己該往何處去，他只能在懵懵懂懂中反思：「所有的價值不能被反轉嗎？善其實是惡？上帝不過是惡魔的發明與詭計？或許所有的事物最終不過是虛假的？我們不可以是欺騙者嗎？」[11]

尼采承認，質疑並拋棄自己熟悉的現狀是一件危險的事，因為一個人必須探索般地活著並且將自身投入冒險中，但他強調，這正是一個自由精神作為自身主人的特權。如果一個人只是「安居於現狀」（at home; *zu Hause*）[12]，那麼他在精神上是受束縛綑綁的囚徒。有趣的是，尼采把這個覺醒的過程稱之為一個「痊癒的過程」（convalescence; *Genesung*）[13]，經過精神的歷險與價值的翻轉後，尼采宣稱，生病的人將逐漸地痊癒，成為克服悲觀主義的自由精神。尼采認為，到了這個階段，人終於可以回答自己為何要歷經這場「大脫離」的原因了，因為：「人應當成為自己的主人，也應當成為自身美德的主人，人也應當主控自己的贊成與反對，並且在每一個價值判斷中學習掌握自己的洞察力。」[14]

---

[11] *Human, All too Human*, I, "Preface," §3.

[12] 尼采在此處所謂的 *zu Hause*，並不是字義上所表示的「在家」，而是處在一種安於現狀的心態，所以他還特別地以引號框起來，以表示它的特殊意義。

[13] *Human, All too Human*, I, "Preface," §5.

[14] *Human, All too Human*, I, "Preface," §6.

尼采在寫這篇序言時，多少有些自況的意味，他似乎在替自己過去十年在學術界與人生中的痛苦摸索給出一個答案。尼采就是自己筆下的這位進行「大脫離」、走出「安居心態」的自由靈魂。寫完《人性，太過人性》之後，尼采離開了巴塞爾大學，反而開啟了他最多產的階段。他接著寫了《晨曦》(副標題是「對道德偏見的思索」)，徹底地挖掘種種道德偏見的根源，展開了他所謂的「反道德運動」（campaign against morality; *Feldzug gegen die Moral*）[15]，並在《善與惡的彼岸》提出了「對現代性的批判」（critique of modernity; *Kritik der Modernität*）[16]，更寫下他口中所謂的「最令人不安的東西」（the most uncanny thing; *das Unheimlichste*）[17]，也就是他最具有體系性的著作《道德的系譜》。經過這場精神的轉型後，尼采徹底展開了對於傳統道德的總攻擊。

（二）反道德主義的內涵

進入中期的思想階段，尼采將自己清楚地界定為傳統道德觀的破壞者（annihilator; *Vernichter*）[18]。這樣的破壞與批判運動雖然在早期著作中已有軌跡，但卻是從《人性，太過人性》才開始顯題化的，而尼采也是在此書才開始使用「反道德主義者」（immoralist; *Immoralist*）的身分標誌。尼采稱

---

[15] *Ecce Homo*, "Why I write such good books," "Daybreak," §1.

[16] *Ecce Homo*, "Why I write such good books," "Beyond Good and Evil," §2.

[17] *Ecce Homo*, "Why I write such good books," "Genealogy of Morals," §1.

[18] *Ecce Homo*, "Why I am destiny," §2.

自己為「老牌的反道德主義者與獵鳥人」。[19] 尼采這個「獵鳥人」的自我比喻是指，自己先前的著作好比是獵捕粗心鳥兒的獵網，這個獵網是一種請君入甕式的邀請，邀請大家一齊加入翻轉（overturning; Umkehrung）既有價值與習慣的行列。但是，自認為已經擺脫束縛的尼采，顯然已對這樣的策略失去耐性。他不再只是被動地等待獵物上門，而是主動地召喚他心目中的聽眾，只不過，他承認自己所想召喚的聽眾過去不存在，現在也尚未存在，因此他的書是獻給未來的自由精神們。[20]

尼采是一位最具顛覆性的哲學家，他對於道德與神學的傳統更是大加撻伐。在他嚴厲的批判與破壞之下，經常會產生一種誤解，就是尼采追求的是一種沒有道德、沒有價值的虛無主義。但這樣的詮釋是有問題的。尼采雖然主張虛無主義已經降臨，傳統的道德與神學已經消蝕殆盡，無法提供我們最終的安身立命基礎，但是他並不因此就取消了價值，他的進一步任務，就是建立新的價值。因此，尼采對於道德的態度究竟如何呢？是反對一切的道德，還是只反對某種類型的道德？如果要清楚地回答這些問題，我們必須理解尼采所說的反道德主義，以及看清楚他所批判的既有道德與舊價值究竟是什麼。

首先我們必須理解，尼采用的「反道德」（immoralisch）一詞並不是簡單的「不道德」或「敗德」（unmoralisch）的

---

[19] *Human, All too Human*, I, "Preface," §1.
[20] *Human, All too Human*, I, "Preface," §2.

意思。它代表的是一種對於既有的道德觀的批判與破壞,甚至更進一步地肯定一種「超越道德」(*aussermoralisch*)的可能。[21] 所以,反道德主義者並非一般意義下的傷風敗俗的人,他的破壞與顛覆是有後設企圖的,其目的不只是破壞,而是要提升與創造。

尼采認為,一般人並不了解反道德主義者的任務。反道德主義者是一個解析既有道德的道德家,並非是傳道說教的道德家;他的目的是要獲得更卓越的知識、更好的判斷與更佳的生命,而不是要讓這個世界分崩離析。因此,他抱怨過去的道德家就是因為說教太多,但是剖析的功夫做得太少,所以大家對於反道德主義者充滿了誤解與不安。[22] 總之,尼采的反道德主義是對於既有道德的剖析與進一步提升,它並非鼓吹一般意義下的敗德或傷風敗俗。

此外,尼采究竟是反對道德本身(也就是所有的道德),或者他只是反對某種特定類型的道德?尼采在《瞧!這個人》當中,明確地指出他所謂的反道德主義,其實只針對了兩種對象:

> 我所用的**反道德主義者**這個字,蘊含了兩種否定。首先,我否定一種至今被視為是最高等的人格類型,也就是**善良的、善意的、慈善的人**;其次,我否定一種道德類型,它以道德之名獲得效力與支配權,這是一

---

[21] *Human, All too Human*, I, "Preface," §1.

[22] *Human, All too Human*, II, "The wanderer and his shadow," §19.

種衰敗的道德，或者簡單說，就是**基督教**道德。第二種反對可以被視為是具決定性的，因為我看到一般對於善良與善意的過度評價，它們是衰敗的產物、脆弱的病徵，它們無法與一種揚升的與肯定的生命相提並論：否定與**破壞**是肯定的條件。[23]（粗體乃原文強調）

在這一段引文中，尼采很明白地指出了，他所反對的是利他精神作為一種高等人格類型的觀點，以及支配歐洲文明的基督教道德。尼采認為，這種強調利他、禁慾、自我壓抑的道德，是衰敗的道德，因為它讓充滿力量的生命活生生窒息了，所以尼采才稱基督教道德是衰敗枯萎的道德、是積弱不振的病徵，必須嚴正地加以否定。從這段自述中，尼采表明得很清楚，他的反道德主義，不是對於道德的全面否定，而只是否定特定的道德觀而已。

此外，在這段文字中，尼采也很明確地指出反道德主義的兩個重要步驟：第一階段的否定（negation; *Verneinen*）與破壞（destruction; *Vernichten*），以及第二階段的肯定（affirmation; *Jasagen*）。換言之，尼采認為我們必須先否定既有道德的支配權並且破壞其主張的基礎，最後再從一片廢墟中重新建立新的價值。否定與破壞乃是對於道德的「破」，而肯定則是對於道德的「立」。因此我們不能將尼采的主張簡化為一種傷風敗俗的消極主張，它有著積極提升的元素在裡面。

---

[23] *Ecce Homo*, "Why I am destiny," §4.

（三）道德的「破」與「立」

從以上的介紹，我們可以理解，尼采所謂的反道德主義，並不是對道德的全面推翻，也並非鼓吹一切不道德的行為。反道德主義所主張的只是對於既有的價值體系的翻轉，也就是針對他所處時代的基督教文明下的道德觀。他將基督教道德視為是一種否定生命的、自我壓抑的、弱者與奴隸的道德觀。所以，尼采並非反對道德本身，而是反對一種鼓吹利他與良善人性的道德觀。

為什麼尼采會反對這種利他的道德觀呢？原因在於利他動機若不是自欺欺人，就是一種信念錯誤。尼采在《晨曦》的第一〇三節談到他對於道德的兩種否決。[24] 第一種否決是「否決人們所宣稱的那些道德動機是真正驅動他們行動的動機」。在他看來，那些道德動機都是自欺欺人的欺詐（cheating; *Betrügerei*）。第二種否決是「否決道德判斷是奠基在真理之上」。尼采不否認，或許有人是真誠地相信自己的道德動機是奠基在真理之上的，但尼采認為，這是誤以為道德判斷的基礎在於真理之上的錯誤（errors; *Irrthümer*），以現在的語言來說，就是一種信念錯誤。尼采在他看來，宣稱自己全然是利他情懷的人，若不是欺世盜名，就是自我認識不清，前者的本質是虛矯的謊言，後者的本質是一種自我認識的錯誤。

為什麼對於尼采來說，基督教文明下的道德觀不是謊

---

[24] *Daybreak*, §103.

言，就是信念錯誤？尼采認為，時下的歐洲人太喜歡以利他精神自我標榜，彷彿利他就是最高尚的動機，慈善的人就是最高等的人格類型。問題是，人真的可以有完全純粹的利他動機嗎？在尼采看來，一個人的行動不可能完全出自於利他的動機（only for other; allein für Andere），人的行動多少會摻雜利己的因素。[25] 他甚至很斷然地指出，「如果只有純粹為了他人所做的行動才能稱為符合道德的，那天底下就沒有道德的行動了！」[26] 因此，尼采認為，如果有人宣稱自己的道德行動純粹是為了利他的動機，那他所說的不是謊言，就是他自我認識不清的信念錯誤。

以上是尼采對於道德的「破」，也就是他所謂否定與破壞的階段。比較爭議的是他對道德的「立」，也就是他對於價值的重新肯定的階段。主流的看法，例如本章前言提到的符特與納斯邦，她們都非常懷疑我們能否從尼采的哲學中得到道德哲學的正面學說。在這種主流的觀點之下，尼采的反道德主義就是破壞的工作，他並沒有建立正面的道德哲學與政治哲學的企圖。

但是，在近二十多年，有越來越多的尼采學者試圖突顯出尼采關於道德哲學的正面主張。有的學者認為，尼采的道德哲學是一種德性倫理學（virtue ethics），因為尼采強調人的價值與卓越是內在於其品格，而非形諸於外的行為

---

[25] *Human, All too Human*, §133.
[26] *Daybreak*, §148.

而已。[27] 此外，也有的學者主張，尼采的主張是一種完善論（perfectionism），因為尼采心目中的道德理想是追求一種所謂高等人的境界。[28] 也有學者認為，其實尼采的道德哲學既是一種德性倫理學，也是一種完善論，兩者兼而有之。[29] 基本上，尼采的道德哲學是一種貴族式的德性倫理學，已經是一個有穩固基礎的詮釋立場。

從本節的討論，我們可以理解，尼采並不是一位傳統概念下的道德哲學家。他要求一個真正的自由精神必須經過對既有價值的否定、破壞，然後再肯定新造的價值，這就是他的反道德主義的真義。為了更進一步理解尼采對於道德的積極主張，我們可以更進一步地理解尼采的超越善與惡的生命哲學，以及他所追求的一種高等人的理想。

三、道德的系譜考察

尼采在回顧自己的寫作生涯時說，一位好的讀者能夠在他的著作中發現一個事實：「一位無人能望其項背的心理學家在說話」[30]。尼采自認為自己是一個最卓越的心理學家，他能洞察透視人性背後的幽暗根源，也能拆解各種行動背後的真實動機。而從研究方法來看，尼采在道德問題的探究上，主要採取的是一種道德心理學（moral psychology）的

---

[27] 例如：Hunt (1991), *Nietzsche and the Origin of Virtue*; Solomon (1999), "Nietzsche's Virtues: A Personal Inquiry."
[28] 例如：Hurka (2007), "Nietzsche: Perfectionist."
[29] 例如：Leiter (2010), "Nietzsche's Moral and Political Philosophy."
[30] *Ecce Homo*, "Why I write such good books," §5.

切入方式。從年輕時期，尼采就對於善惡的起源深感興趣，他開始不滿足於神學的解釋，他認為對於善惡的解釋都必須從人的世界出發，因此他開始一系列關於道德的系譜考察：

> 在什麼條件下人類發明了（invented; *erfand*）善與惡的**價值判斷？它們本身有什麼價值**？時至今日，它們阻礙了或是促進了人類的繁榮？它們是生命的急難、貧困與敗壞的象徵嗎？又或者相反，它們揭露了生命的豐盛、力量與意志，以及生命的勇氣、信心與未來？[31]
> （粗體乃原文強調）

這段話很明白的指出，尼采將道德問題視為是人的問題，而道德更是來自於人的發明與創造。而他更進一步懷疑，如此的人為發明究竟有甚麼內在的價值。在這一系列的系譜考察中，尼采提出了知名的奴隸道德與主人道德的區別，並提出怨恨（resentment; *Ressentiment*）[32]的道德心理學詮釋，並將當時歐洲主流的道德觀視為是一種起源於怨恨情感的奴隸道德。這一節將聚焦在尼采關於善惡源起與奴隸的道德造反的說法，以及他對於超越善與惡的想像。

（一）善惡的源起

尼采在《人性，太過人性》談到，我們當今所理解的善

---

[31] *On the Genealogy of Morality*, "Preface," §3.
[32] 尼采在自己的著作堅持使用法文的怨恨一詞，因為他認為德文的對應字沒有辦法表達出怨恨獨特的心理意義。

（good; *Gut*）與惡（evil; *Böse*）的概念，其實有兩重的歷史發展。第一重是從擁有力量的統治階級的角度理解善與惡，第二重則是從被統治者的角度理解善與惡，而尼采認為，基於不同的權力位置，一個人會形塑出不同視野的價值觀，而佔據不同社會位置的人也會形成不同的品格與意識，對於善惡的理解也就不同。尼采先由統治階級的角度來看善惡的發展歷程：

> **首先**是在占有統治地位的宗族和階級的靈魂中。誰有力量以善回報善、以惡回報惡，而且施行真正的回報（requital; *Vergeltung*），也就是懂得感恩與報仇，誰就被稱為是好的（good; *gut*）；誰沒有力量且沒有辦法進行回報，就被看作是壞的（bad; *schlecht*）。作為好人，一個人就歸屬於一個有共同感的「好的」群體，因為所有個人都經由回報而彼此緊密結合在一起。作為壞人，一個人就屬於「壞的」群體，是一堆沒有共同感的賤民與無能之輩。好人是一個階級，壞人則是散沙般的烏合之眾。好和壞在很長一段時間內等同於高貴與卑賤、主人與奴隸。[33]（粗體乃原文強調）

對於統治階級的人來說，有力量「回報」（報答與報仇的意義兼而有之）他人的人，是好的。因此尼采補充說，在荷馬史詩中的特洛伊人與希臘人，在這個意義下都是好的，

---

[33] *Human, All too Human*, I, §45.

而不是壞的,即使是交戰的雙方,都不認為對方是壞的,更不是邪惡的,因為他們都是有能力也敢於「回報」對手的人。

在尼采看來,如果從統治階級的眼光看世界,他們是以力量與能力的高低評斷價值。統治階級也因此會認為,人一旦沒有力量去「回報」他人,那就是壞的。統治階級都是有力量回報他人的人,也正因為這樣的回報關係,彼此會形成一種群體的共同感,緊密的連結成一個群體。在這個發展脈絡下,善與惡的意義就是好與壞之別、貴與賤之別、主人與奴隸之別。

但是,被統治者的角度看到的卻又是另一種善惡的概念,這是善惡的第二重發展歷史:

> **然後**,再看看被宰制者與無力者的靈魂。在這裡,無論是高貴還是卑賤,所有**其他的人**,都被看作是敵對的、無情的、占便宜的、殘酷的、奸詐的。[34](粗體乃原文強調)

從被統治者的社會位置來看,善與惡的概念不是力量的強弱,也不是高貴與低賤之別。被統治者對於一切有力量的人、有潛在威脅的人,都視為是敵對的一方,甚至所有的他人都是有威脅的存在。因此,從被統治者的視野來看,所有對其存在有威脅的人都是壞的,都是必須加以戒慎防範的。

---

[34] *Human, All too Human*, I, §45.

因此，這群被統治者沒有高貴靈魂才具有的共同感，他們注定是散沙一般的低賤存在。

尼采試圖透過善惡概念的發展歷史，進一步說明人類社會中的道德評價並非自古皆然，更絕非客觀而永恆不變的。從統治的強者的視角來看，善與惡的對立是好與壞的區別，是有力量與無力量、貴與賤的區別，而一個高尚的靈魂會懂得尊敬他的對手，因為他崇敬力量，而不會如同被統治的弱者一般去妖魔化敵對的人。不過，在尼采看來，這種善惡概念已經不屬於這個時代了。這個時代下，奴隸的價值觀已經取代了主人的價值觀而成為主流的評價方式。

（二）奴隸的道德造反

尼采雖然在《人性，太過人性》已經區分了主人與奴隸的不同心態，但他直到了《善與惡的彼岸》才提出他知名的主人道德（master morality; *Herren-Moral*）與奴隸道德（slave morality; *Sklaven-Moral*）的區分：

> 道德價值的區別，要麼是起源於對自己不同於被統治者而感到愉悅的統治階級，不然就是起源於被統治階級，也可以說是被統治階級中各種的奴隸和隨從。在前者的情況下，由於是統治者決定善的概念，因此尊貴而驕傲的靈魂狀態被視為是一種優越，並決定了等級。高貴的人將自己與尊貴而驕傲特質相反的人區隔開來，可以這麼說：他鄙視這些人。[35]

---

[35] *Beyond Good and Evil*, §260.

從主人道德的角度看來，主人以尊貴與驕傲的靈魂為榮，他鄙夷低賤與卑躬屈膝的奴隸，身為主人的他是價值的創造者，他無須眾人的肯定，他對自己與他人同樣無情，但主人會適時幫助奴隸，不是因為這是他的義務，而是因為他有能力如此做。但與此相對的，奴隸道德是討好的、溫情的、功利的、鼓吹利他的。在尼采看來，兩者重大的差異來自於不同的社會位階以及雲泥之別的品格，而不幸的是，尼采認為自己時代的主流價值是一種奴隸道德，高貴的主人道德已如鳳毛鱗爪。

但弔詭的是，為何擁有力量的主人道德如今卻被奴隸道德取代？尼采認為，因為歐洲經歷了一場道德上的奴隸造反（slave revolt in morality; *Sklaven-Aufstand in der Moral*）。

尼采將這場奴隸造反歸諸於猶太民族，在其一神論的信仰中，猶太民族把富裕的、不信神的、邪惡的、暴力的、感官的這些詞語融合在一起，造成了價值的翻轉（reversal of values; *Umkehrung der Werthe*）。[36] 而猶太民族的一神論信仰與價值翻轉，其影響力一直支配著歐洲文明的發展。到了《道德的系譜》時，尼采更針對這場翻轉價值的奴隸造反進行心理學的考察。他認為，奴隸造反背後的真正心理驅力是怨恨：

> 當**怨恨**將自己變得具創造性並且產生價值，道德上的奴隸造反就開始了：這些人的**怨恨**無法透過真正的行動回擊，而是以一種臆想的報復來補償。然而，所有

---

[36] *Beyond Good and Evil*, §195.

> 高貴的道德都來自勝利的自我肯定,而奴隸道德卻是原則上對一切「外來的事物」(outside; *Ausserhalb*)、「他異的事物」(other; *Anders*)、「非己的事物」(non-self; *Nicht-selbst*)的否定:而這個否定,就是它的創造性行動。[37](粗體乃原文強調)

這種怨恨情感是被動的,而不是主動的,它是一種心理上的自我補償,但現實上怨恨的奴隸卻又無力進行真正的反擊或「回報」。

對尼采來說,奴隸怨恨情感的唯一創造性與積極作為,就是對於所有外在於自己的事物說不。因此,怨恨看似是一種創造,但卻是一種否定性的創造,看似有所回應,但卻是一種無力者的心理自我補償。尼采認為,這場奴隸造反改變了歐洲人對於價值的估價方式,價值便因此翻轉,原本高貴而美好的,如今成為危險與邪惡的,原本低賤而敗壞的,如此成為溫和與良善的。

(三)超越善與惡

許多人對於尼采的善惡起源的觀點,以及他對於所謂奴隸道德的批評相當不以為然。甚至有人認為這犯了一種「起源的謬誤」(genetic fallacy)。[38] 這個謬誤的意思是指:一個事物的起源與它本身的價值是兩件不一樣的事,從一件事

---

[37] *On the Genealogy of Morality*, I, §10.

[38] Solomon (1994), p. 97.

物的不堪起源推論出此事物因此沒有價值,這可能是一種謬誤。換言之,就算歐洲的主流道德觀來自於相當不堪的歷史起源,並不因此證明這種道德觀因此是不正當的。尼采本人當然也意識到了這一點。在他的遺稿中,他如此寫著:

> 大家通常相信,對**我們的估價的來源**以及善的條目的探究,與對它們的批判絕對是兩件不同的事。儘管如此,在洞見了某些**可恥的起源**後,不可免地會對其所生的價值帶來減損的**感覺**,因此也就為批判的情緒與態度鋪了路。[39](粗體乃原文強調)

尼采很清楚地意識到「起源的探究」與「批判」是兩件獨立的事。但是,他認為前者其實替後者預備了道路。姑且不論尼采是否在此犯下了「起源的謬誤」,尼采的學說並非僅僅停留在對於主流道德的批判。尼采試圖透過價值翻轉的歷程說明,進一步思考自我肯定的可能性。在他看來,奴隸道德是對於一切他異事物說「不」的反動情感,這是一種對於生命的否定,而尼采最終想要提出的是一種肯定的生命哲學,這種生命是超越在善與惡的框架之外的。

尼采認為,這種自我肯定的力量來源,就是人類生命的真相,也就是權力意志(will to power; *Wille zur Macht*)[40],

---

[39] *The Will to Power*, §254 (p. 148).

[40] 尼采使用的 *Macht* 一詞,本文基本上都翻譯為力量,因此本應一致地翻譯為「力量意志」,但因考量哲學社群已經熟悉以「權力意志」翻譯尼采的概念,故沿用之。

一種亟欲擴張力量的生命意志。他認為，避免相互損害、避免暴力、避免剝削、讓自己的意志與他人的意志保持一致，其實是一種否定生命的意志，是分解與腐爛的原理。生命本身實質上是占有、損害、征服異國人和弱者、鎮壓、殘酷與剝削。這些生命的真相沒有道德不道德的問題，生命之所以是如此正是因為它活著，在這個意義上，生命就是權力意志，我們必須真誠地面對這個生命的真相。[41] 因此，尼采的道德哲學的重點就回到了生命本身。我們必須學習肯定生命，而權力意志正是一種創設價值的力量，是一種主動的與正面的生命。[42] 將尼采後期的權力意志哲學納入版圖後，我們會發現，尼采所做的道德的系譜考察不只是批判與破壞，其最終的目的是回到一種肯定的生命哲學，它是超越在現有的善惡框架之外的。

四、正義的三個層次

在當代自由主義與民主政治的時代下，正義預設了一種不分種族、性別、宗教背景而人人平等的價值，但在尼采看來，這是荒謬的。對尼采來說，正義的意義不是齊頭的平等，而必須考量力量的衡平與相稱，否則反而陷入一種不正義。在他看來，正義的基礎是力量，而不是抽象的道德幻想。因此他嚴厲地批判盧梭的平等哲學，他認為真正的正義是「以

---

[41] *Beyond Good and Evil*, §259.

[42] Schacht (1983: 354) 也認為，尼采將生命視為是一切價值的中心，生命的保存、繁榮與強化，對於價值的確立是至為關鍵的。

平等對待平等的人,以不平等對待不平等的人」(equality for the equal, inequality for the unequal; *den Gleichen Gleiches, den Ungleichen Ungleiches*)[43]。換言之,力量不對等的人本來就不應該有相同的對待,有力量的人比無力的人應該獲得更多、擁有更高的地位。

尼采認為,強者與弱者的權利不能等量齊觀,人的權利是取決於自身力量的大小,「一個人有多大力量,就有多大的權利」,甚至更精確地說,「一個人被認為有多大的力量,就擁有多大的權利」;因此,強者與弱者雖然都有權利,但與強者相比,弱者的權利便小得多。[44]

正因如此,尼采的貴族式正義觀與我們的時代似乎格格不入,以至於關於尼采的正義理論的討論,不只是被學界漠視,也經常誤解為「尼采不關心正義」或「尼采敵視正義」。事實上,在他的正義理論中,仍有許多值得進一步闡發的遺產。[45]

尼采的正義概念是什麼?尼采對於正義的態度是什麼?他真的敵視正義嗎?事實上,透過尼采的著作,我們會發現尼采不僅關心正義,而且正義更被他視為是最重要的價值之

---

[43] *Twilight of the Idols*, §48.

[44] *Human, All too Human*, I, §93.

[45] 不可否認地,我們對於尼采歧視女性與不同種族的言論必須有所警戒。我們必須對他的哲學加以批判性的重新詮釋,而不是盲目地照單全收。但是他的正義理論仍舊有許多值得闡釋之處。就如同我們不會因為柏拉圖、亞里斯多德接受奴隸制度就完全拒絕他們的哲學,也不會因為康德的若干種族歧視言論就否定他關於人性尊嚴的學說。

一,他甚至宣稱我們皆該「在正義跟前屈膝」。但是,尼采對正義的理解究竟是什麼?這是值得進一步爬梳的問題。尼采對於正義的分析有許多不同的層次,而學界也有許多不同的詮釋。分析地看,尼采的正義概念至少有三種不同層次,分別是法、力量與最高價值三種不同面向。本節分別探討這幾個不同的層次,以進一步闡發尼采正義理論裡的豐富意涵。

(一)正義作為法 [46]

尼采在《人性,太過人性》第一卷第九十二節中考察了正義的起源,他認為,正義作為一種公平(fairness; Billigkeit)的概念,來自於力量大致相當的兩造之間。在原初的狀況下,由於兩造在實力上相當,沒有一方佔據絕對的優勢,兩造就會陷入一場毫無結果、不分勝負的持久鬥爭。為了避免這種無意義的互相傷害,兩造會進行協商談判,彼此獲得讓自己滿意的結果,因此,一個讓紛爭結束的新秩序產生了。這就是正義的起源。正義來自於力量相當的兩造共同創設的協議與秩序。在這個意義下,正義代表著一種公平的秩序、規範或規則,而它的基礎正來自於雙方彼此共同接受的利益交換,因為雙方合則兩利,分則兩害。

因此,尼采指出,交換(exchange; Tausche)是正義的原

---

[46] 此處使用「法」而不使用「法律」,主要是希望能突顯出正義作為「秩序」、「規範」、「法律」等等多元的意涵,而不單單指實定的「法律」本身。

初特徵。[47] 換言之，在這種最原始的狀況下，正義起源於力量相等的人們之間的交換。同樣地，復仇與感恩也都具有這種交換的特徵，它們都是對於他人作為的回敬。在這個意義下，有仇不報、有恩不報都是一種不正義的行為。既然正義的原初本質是一種雙方利益的交換，尼采認為，正義背後的動機並非大家所以為的利他動機，相反地，這些交換行為都是出自於利己動機。正義的原初心理動機顯然並非如一般人嘴上說的利他，而是根源於一種交換行為下的利己動機。尼采認為，人們只是遺忘了這段關於正義起源的史前史，而在人的健忘下，正義變成一種利他的作為。因此他嘲諷地說，如果世人不如此健忘的話，恐怕這個世界看起來就顯得如此不道德。

在尼采的考察下，正義的基礎在於人們的利己動機，而正義本身就是一種對等力量之間彼此交換利益後所創設出的秩序。在這個概念下，「正義作為法」是以利益交換為基礎的秩序。但這種正義的基礎是力量，沒有相提並論的力量，兩造之間的正義秩序就會瓦解。因此尼采如此看待法律的暫時性與工具性：

> 以**平等者**之間的契約為基礎的法律，只要締約者的力量相等或相當，它就存在……但是如果一方**變得**明確**弱於**另一方，宰制就出現了，法律就**終止了**……法律

---

[47] *Human, All too Human*, I, §92.

狀態是基於明智審思的暫時手段，不是目的。[48]（粗體乃原文強調）

因為法律是來自對等力量的利益交換，一旦作為前提的力量不再存在，接續而生的法律與秩序當然就跟著崩潰，取而代之的是一種宰制的關係。因此，正義與法律只是暫時性的手段工具，並不是人們追求的最終目的，人們真正追求的是自我利益與自我生存。

但是尼采在這段文字中沒說的是：如果協商與締約的兩造之間力量失衡，先前的法律狀態就終止了，人們的關係就進入了強者凌駕弱者的宰制關係，但是在宰制關係中還有正義與法律的存在嗎？如果有的話，這種正義與法律還能稱之為公平的嗎？

尼采會回答，如果只是在自然蠻荒狀態中的宰制關係，那就沒有正義或不正義、法或不法的區別，就如同在動物的世界中，掠食動物與被掠食動物之間的關係一樣。唯有當衡量正義的尺度被人們創設之後，正義與不正義的區別才有意義。但尼采認為，人類世界不會永久存在於這種沒有法與秩序的混沌狀態。尼采宣稱，有力量的強者同時具有一種創設法律的傾向。

在《道德的系譜》的第二篇第十一節，尼采談到了強者創設法律的過程。他認為，從歷史上的發展看來，有力量的

---

[48] *Human, All too Human*, II, "The wanderer and his shadow," §26.

強者會想方設法阻止那些次等於自己的人彼此間進行怨恨的報復，強者無法忍受怨恨這種反動的情感。因此，擁有權威的人創設了最關鍵的東西，就是法律。強者透過命令的頒布告訴眾人什麼是被允許的，什麼是被禁止的，並由群體接管了個人的報復行動。因此，在強者宰制弱者的關係中仍舊有可能存在正義與法律，但這是屬於強者的特權。

在主流的觀點下，為了避免不正義的出現，人們才創設法律。但是在尼采看來，法律不是起源於不正義，或者為了避免不正義的侵犯，人們才創設法律。因為在自然狀態中，根本就沒有正義與不正義的區別，一切都是生命的自然運作狀態；相反地，只有當法律被創設以後，人們才有正義與不正義的區別。尼采總結說：

> 光是談論「正義」與「不正義」**本身**是沒有意義的，一個傷害他人、暴力、剝削與破壞的行動**本身**不會是不正義的，因為生命**本質**上就是以傷害他人、暴力、剝削與破壞的方式運作的。[49]（粗體乃原文強調）

因此，尼采並不相信在強者的創設法律之前，正義與不正義本身有任何存在的意義。在這個「正義作為法」的意義下，正義誕生於法律與秩序創設之時，而這個創設的基礎就是強者的力量。因此，強者創設的任何法律與秩序，只要他

---

[49] *On the Genealogy of Morality*, II, §11.

有力量維持其存在，它就是公平與正義的，因為它與強者的力量是相稱的。但是尼采並沒有探討政治制度與法律制度本身，我們可以從中看到他對於貴族式政治的傾向，卻鮮少看到尼采闡述他心目中理想的政治秩序的實質內容，這也是後人在探討尼采的政治哲學時必然遇到的問題。

（二）正義作為力量

除了將正義視為是強者對於法律的創設，很明顯地，尼采也將正義視為是一種高於法律的正當性基礎，而不僅僅是法律與制度本身，後者相較於前者僅僅是暫時性與工具性的。尼采雖然將正當性基礎立基於強者本身所具備的力量，但是他並不認為強者力量的施展是毫無節度、漫無章法的。在他看來，強者力量的施展仍舊遵循一種衡平原則（principle of equilibrium; *Princip des Gleichgewichts*）。強者所創設的法律，其最主要的效果就是刑罰，而刑罰的目的就是要維護衡平狀態。在刑罰之下，一個踰越法律的人必須為自己的行為付出代價，在尼采看來，透過刑罰，我們可以將原本被破壞的力量關係重新導回衡平狀態：

> 對於最古老的法權學說與道德學說而言，**衡平**是一個非常重要的概念；衡平是正義的基礎。當正義在比較野蠻的時代說「以眼還眼，以牙還牙」，正義乃預設了先前已有了某種衡平，並試圖通過這種報復來**保持衡平**：因此現在若一個人侵犯另一個人的時候，另一

個人不再採取盲目仇恨的報復。相反的,通過**懲罰權**,被擾亂的力量關係的衡平**被重新回復**。[50]（粗體乃原文強調）

在正義的施展過程中,正義並非漫無節制地施展力量,「正義作為法」的目的是要維繫一種衡平的狀態,因此尼采認為「衡平是正義的基礎」。因此在既有的法律與秩序之上,尼采顯然更預設了一個更高位的衡平原則,它乃是一種正當性的原則。

尼采更進一步討論了在進入法律狀態後,刑罰有可能變得越來越寬鬆而人性化,其理由與強者力量的大小相關。當一個群體的力量越來越大後,它不再需要如此認真地看待小小的個人犯罪,因為這些個別的犯罪不再如早先一般,對於群體的生存具有危險和顛覆性。所以尼采認為,當一個群體的力量與自信日益茁壯後,它的刑法就變得更寬鬆,但如果其力量與自信弱化或瀕危的時候,更嚴厲形式的刑法就會再出現。就如同借錢給人的貸方,當他的財富增加時,他總是變得更有人性,因為他承擔得起損失。因此,對一個借款的貸方而言,他的財富總量決定了他能承受多少傷害而不會感到痛苦。尼采認為正義也是如此：

正義一開始原本說「一切都能償還,一切都得償還」,最終卻對那些無法償還的人睜一隻眼閉一隻眼,其結

---

[50] *Human, All too Human*, II, "The wanderer and his shadow," §22.

果就是,如同世上一切善的事物一樣,正義**自我昇華了**(sublimating itself; *sich selbst aufhebend*)。我們知道正義的自我昇華給自己起了這樣的名字:**施恩**(mercy; *Gnade*);當然,施恩依舊是最有力量的人的特權,更好的說法是,施恩是他的超越法律(beyond the law; *Jenseits des Rechts*)。[51](粗體乃原文強調)

在這段話中,尼采指出了強者在執行刑罰以外的另一種可能:施恩。原本在法律中,一個人必須因為自己的違法付出代價,這是符合正義的。但是既然正義與法律是來自於強者的力量,強者當然可以決定法律與執法的內容,在這個情形下,是力量決定了法律,而非法律決定了力量。強者在施恩的作為中彰顯了一個最重要的事實:他是超越於法律之外的。在這段文字中,我們也可以看到兩種正義概念同時出現,第一種是作為法的正義,這種正義落實在具體的法律規定上,但尼采也指出這種法律是暫時性的與工具性的,而尼采談到的另一種正義概念,則是作為法律的正當性來源的正義,這種正義就是強者的力量本身。

但同時,尼采也指出,一個真正的強者,並不會錙銖必較、有仇必報,一個真正強大的力量因為睥睨一切、不將別人加諸在自己身上的小侵害放在眼裡,它因而擁有一種「自我昇華」的可能性。尼采將它稱之為施恩,施恩是強者的特

---

[51] *On the Genealogy of Morality*, II, §10.

權。因此在尼采的眼中，強者的正義是根源在自己的力量之上，它是一切法律的來源，它也超越法律之上。但是，超越法律的正義並不因此就漫無原則，強者的力量仍遵循衡平的原則，並且也保留了更高貴的施恩的可能性。

（三）正義作為最高價值

尼采除了將正義理解為對法律的創設，也將正義視為是法律與秩序的正當性基礎，但是在他的著作中，正義還有第三種截然不同的概念：正義是生命的最高價值。[52] 他在《人性，太過人性》中談到人類作為一種複合了激情與理性的存在，前者激越狂熱，後者冰冷僵滯，而我們在擺盪於兩個極端之間時，需要正義作為最終的指引。因此，尼采說：「讓我們在正義跟前屈膝，肯認她是我們之上的唯一女神」。[53] 尼采在此處所說的正義，很明顯地不是法的概念，也不是正當性的概念，而是將正義視為是自由精神在實踐生命時的最終引導：正義讓人不至於被狂熱的激情沖昏頭，也讓人不至於在精神開展進程上遲滯不前、故步自封。由此可見，尼采將正義的價值放在一個崇高的地位，也因此尼采甚至

---

[52] 尼采將正義視為是生命最高價值的觀點，分別吸引了存在哲學大家的海德格 (Martin Heidegger) 與雅斯培 (Karl Jaspers) 的關注。海德格認為，尼采所說的正義是一個形上學的主張，正義意指了所有正確事物的匯合點，而正義正代表著尼采對於真理與知識的態度。(Heidegger, 1991: 137-149) 而雅斯培則認為，尼采將正義視為是一種形上的實在，但這種正義已經超脫人類的領域，而是進入了超越的領域。(Jaspers, 1997: 204-209) 但兩人將尼采的正義視為是一種形上學的主張，已經跳脫了道德與政治的範疇而與本書的焦點無關，因此不再就此繼續討論。

[53] *Human, All too Human*, I, §637.

宣稱「正義是生命本身的最高代表（highest representative; höchster Repräsentant）。」[54]

在尼采看來，正義是一個人們只能儘量趨近但卻無法真正到達的最高價值。尼采甚至承認自己對於正義的缺乏掌握：「直到我二十歲出頭，我才發現自己完全缺乏的東西，就是正義。『正義是什麼而它又如何可能？假使它不可能，那該如何承受生命？』我不斷地問自己這些問題。」[55] 在這段筆記中，尼采所謂的正義，同樣不是指法律、秩序與其正當性，而是指生命的最終指引。尼采甚至認為，沒有了正義，生命本身將讓人難以承受。

正因正義的地位如此之高，尼采認為人類無法真正落實正義，正義總是被人不斷背叛的理想，因此他宣稱「凡是深刻思考的人都會明瞭，無論自己如何作為與評斷，自己總是錯的」[56]。尼采承認，受激情之火驅策的我們永遠無法得到正義女神的垂青，在正義女神的眼中，我們永遠是不純淨的，只有自由精神才是我們的救贖之道，在自由精神中，我們「縱橫於意見與意見之間，穿梭於各陣營之間，成為可被背叛的一切事物的高貴的**背叛者**（noble traitor; *edler Verräther*），而且不帶絲毫罪惡感」[57]。在尼采看來，一切意見與立場都是可被違背與推翻的，因而在永恆的正義的眼光

---

[54] *Nachgelassene Fragmente*, 1884, 25[484].
[55] *Nachgelassene Fragmente*, 1885, 40[65].
[56] *Human, All too Human*, I, §518.
[57] *Human, All too Human*, I, §637.

下,人們一切的作為都是短暫與不純淨的。而我們該如何活出指向正義理想的生命呢?尼采認為,我們唯一趨近正義的方式,就是以自由精神的姿態,不斷地挑戰、超越既有的思考,成為一位「高貴的背叛者」。

在尼采的心中,正義是指引生命的最高價值,是生命的最高代表,在我們的生命中,每一次的價值評估都體現了正義的精神,正義更是一種「建構(constructing; bauend)、翦除(eliminating; ausscheidend)與破壞(destructing; vernichtend)的思維方式」[58] 在每一次的價值估價中,我們的每一個判斷中,我們都建構了某個價值,我們也翦除、破壞了某些既有的結構。在這種概念下,正義不只是建構的,也是破壞性的思維,我們只能以「高貴的背叛者」的角色不斷地重複這個再建構與再破壞的循環,只有在這個循環中,我們才能稍稍接近正義的理想。

五、怨恨及其超克

如前面一節所介紹的,尼采所謂的正義起碼有三種不同的層次,正義作為法或秩序本身,以及秩序背後的正當性基礎,亦即強者的力量,最後則是作為生命的最高代表與價值。尼采除了探討這些概念本身,他還以一種道德心理學的角度重新考察正義背後的深層動機,也就是正義感的來源。在傳統的觀點看來,正義感的背後是似乎是一種利他的同情

---

[58] *Nachgelassene Fragmente*, 1884, 25[484].

心與同理心的驅策，尼采完全否定這種觀點。如前面第二節所討論過的，尼采認為一個人的行動不可能完全去除利己的動機，一個人若是宣稱自己的行為完全基於利他動機，則完全是一種自欺欺人的話術。他因此反諷地說，如果道德行動都必須出自於利他動機的話，天底下就不可能有真正的道德行動了。

對於尼采而言，討論正義感的唯一有意義的切入點，就是從人們的利己心態著手。正義感作為一種要求公平的情感，與行動者的主觀利益有密不可分的連結，這就是尼采所再三強調的利己主義（egoism; *Egoismus*）。但是，尼采所謂的利己主義所要捍衛的利益是什麼？基本上，就是自我的生存。但是強者與弱者對生命的觀點並不相同。強者的生命是擴張的、侵略的、剝削的，但是弱者則是功利的、求全的、迴避危險的。因此，強者與弱者對於「什麼是公平」會有不同理解。強者會認為，一個人依據其力量的大小獲得相對稱的權利，是公平的，齊頭的平等反而是一種不正義；但是弱者卻傾向於認為，人人擁有平等的權利與地位才是公平的。

同樣地，強者與弱者的正義感也具有截然不同的構造。在尼采看來，弱者的正義感是由一種反動的怨恨情感所驅動，但是強者則是源自於睥睨一切的級距感（pathos of distance; *Pathos der Distanz*）。透過對於不同的道德情感的區辨之後，尼采指出了超克自身的一種人類理想，也就是他所謂的高等人（higher man; *höherer Mensch*），一種超越善惡、創造價值的人類存有狀態。

（一）無力者的怨恨情感

尼采認為，沒有力量的弱者的心中，充滿著對於擁有力量的強者的忌妒與憎恨之心，他將這種被壓迫後產生的負面情感稱之為怨恨。（請參考第三節的討論）總結來看，尼采所謂的怨恨情感有三個基本特性：它是反動的、報復的與否定的情感。首先，怨恨是滋生於被壓迫的無力者心中的反動情感，是弱者因為強者的主動施為而產生的被動反應，是弱者作為行動客體的一種表現；相對地，強者是展示力量的主體，強者的情感表現則是主動的、積極的。其次，怨恨是被宰制者在無力抵抗之下的一種心理自我補償，它蘊含了一種臆想的報復，透過這種想像的復仇，弱者得到心理上的自我滿足；相對地，強者不做精神上的自我安慰，強者是有能力也有勇氣回報其敵人與朋友的人。其三，怨恨情感是一種否定的情感，弱者否定一切與自己相對立的事物，在其心目中，所有他異的事物都是對其存在的潛在威脅；相對地，強者是天生的肯定者，強者征服挑戰他異的事物，強者透過施為展現自己的生命。尼采認為，怨恨情感雖然是弱者的反動情感，但是報復與否定的情感具有一種創造性，它創造出了一種翻轉價值的可能，最後形成了他所謂的奴隸造反，將原本宰制群體的主人道德翻轉成以奴隸道德為主流的現代社會。

在尼采看來，猶太教／基督教的思想是造成這場價值翻轉的主要力量。他甚至認為基督教所傳佈的人皆平等的主張，是殘害人心的毒藥：

> 基督教最徹底地散播了「人人有平等權利」此一教條的毒素；存在人與人之間的各種敬畏感與級距感（feeling of respect and distance; *Ehrfurchts-und Distanz-Gefühl*），乃是莊嚴崇高與文化成長的**預設前提**，基督教卻從它最卑劣本能的隱蔽角落裡，對其發動了致死的戰役。基督教利用了烏合之眾的**怨恨**作為對付**我們**的**主要武器**，對付這世上一切高貴的、歡快的、偉大的事物，對付我們在這世上的幸福。[59]（粗體乃原文強調）

他的理由在於，所有人類歷史上偉大的文化成就，都是起源於貴族統治的社會。在貴族統治之下，強者擁有超越凡俗的級距感與優越感，強者不受弱者的反動情感的拖累掣肘，人類的文明才得以突飛猛進。他因此認為，強者凌駕弱者、有力量的人宰制無力者，是這個世界進步的「預設前提」。在他看來，烏合之眾的怨恨情感取代了貴族的優越感後，人類社會不可免地往平庸化的墮落方向發展。

當這種反動的、報復的、否定的怨恨情感融入了社會體制後，對於原本的法律與刑罰制度便產生了巨大的轉變。原本在一個貴族統治的群體裡，強者尊重力量，法律的正義基礎是一種力量的衡平原則，刑罰的目的則是回復失衡的力量與力量之間的關係，並不在於妖魔化其敵人，也不在於仇

---

[59] *The Anti-Christ*, §43.

恨的報復。但是在一個被奴隸翻轉價值之後的社會，正義的起源成為以怨恨為基底的情感，尼采認為，在這種情況下，報復（revenge; *Rache*）的概念被神聖化為正義，彷彿正義只是一種受委屈的情緒的一種進一步發展，然後再來正當化報復這種反動的情感。[60] 尼采雖然承認，弱者的怨恨情感是正義感的其中一種來源，這是一種以報復動機為基底的反動情感。但是尼采強調，另一種正義感的起源卻往往被現代人所忽略，那是一種貴族精神下的正義感，是崇尚力量、追求卓越、擁抱生命、強調階級等第的主動情感。因此，兩者雖然都成為創設法律的正義感的來源，但兩者「雖是紫羅蘭但香味卻截然不同」。

（二）貴族的級距感

尼采試圖從道德發展的系譜中，重新掘出早已被現代人遺忘掉的道德史前史，那種在奴隸造反發生之前的價值觀。他認為，在那個時代裡，善與惡的道德區別並不存在，貴族身為主人所看到的只是有力量與無力量的的好壞之別、貴賤之別。身為主人，貴族們擁有一種級距感，也就是對於自己與賤民之間有著雲泥之別的差距（distance; *Distanz*）的自我意識；身為強者，貴族認為人與人應當基於力量之別而有階級等第的區別。身為擁有力量的強者，貴族們具有一種追求卓越的強烈慾望，他們時時刻刻將目光擺在鄰近的他人（the next man; *der Nächsten*）的身上，並從後者的受挫與不如己得

---

[60] *On the Genealogy of Morality*, II, §11.

到滿足;因此,這種情感絕對不是對他人無害的、同情的或慈悲的情感,強者的級距感是一種宰制他人的追求,帶給鄰近的他人痛苦、打擊、恐怖與驚懼的情感。[61]

與弱者的怨恨情感相比,強者的級距感也具有三個基本特性:它是主動的、施恩的與肯定的。首先,強者的級距感是一種身為主人與施為者的情感,強者是自身價值的尺度,他是價值的創造者,而不是被動地回應他人的作為,更不是消極地追隨他人的價值觀。其次,強者具有睥睨一切的高貴情操,對於別人的過錯,他並不錙銖必較,也沒有怨恨的報復心,他甚至認為施恩他人是貴族的特權。其三,強者追求卓越與冒險,對他而言,生命的本質就是剝削、侵略與擴張,他正面地擁抱生命本身,並透過種種的肯定,建立屬於自己的價值。

尼采認為,如果我們只從弱者與奴隸的角度看待正義,我們會發現怨恨情感支配了他們對於正義的想像,但是,從強者的角度來看,正義絕對不是源自於反動的怨恨,而是源自於一種主動的級距感,一種更高貴的、更有價值的正義起源。在他看來,真正的正義感與反動的情緒差距非常遙遠。強者面對得罪他的人,不會以怨恨的報復心對之:

> 正義的人仍會正義地對待得罪他的人,而不只是冷淡、節制、疏離與無差別,「正義永遠是一種**正向的**

---

[61] *Daybreak*, §113.

態度」。這只正義而**評判的**眼睛,以高尚而全然客觀的角度施恩般地凝視著,它不會因為個人所受的傷害、輕蔑與懷疑而黯淡無光;這是一種完善的表現,是這地上最高等的主宰性。[62](粗體乃原文強調)

因此,真正的正義感是正向的、施恩的,其情操之高尚,甚至是我們難以置信也不該輕信的(因為,對尼采來說,正義是無法徹底達到的)。儘管如此,一般而言,就算是一個正義的人也會因為惡意的侵犯而火冒三丈。儘管如此,一個主動的、侵略的、過度進取的人與反動的人相比,依舊是更為接近正義。他認為,放眼望望人類歷史,真正施行正義的人不是反動、怨恨、創造內疚心(bad conscience; *schlechtes Gewissen*)的人,而是主動的、強壯的、自主的與侵略性的人。

(三)召喚高等人

探討完主人與奴隸、強者與弱者的區別之後,尼采並非要求我們倒退回奴隸造反前的道德光景,在他看來,從主人道德的支配時代,到了奴隸造反後的時代,這是一個自然的演進過程。而尼采在對比了怨恨情感與級距感這兩種正義感的道德心理後,他究竟有什麼樣的正面學說?基本上,尼采試圖召喚一種具有更高貴精神的高等人,一種超越善惡框架、肯定生命、創造價值的人類存有狀態。在尼采的觀點中,什麼樣的品格特質才是趨近個人美德的完善呢?基本上,尼

---

[62] *On the Genealogy of Morality*, II, §11.

采不認為利他精神可以帶來美德的完善，因為那是衰敗與否定生命的主張，在他心中，利己才是生命的真相，那才是高等人的真正心理，因此他主張「利己是高貴靈魂的本質」[63]；尼采也認為所謂的卓越的高等人，必須排除平庸俗人所鼓吹的同情心與溫暖的性格，高等人不僅對他人無情，也對自己無情，高等人追求紀律，甚至認為透過受苦的經驗可以提升自我，在不斷的疾病與痊癒的過程中自我超越；高等人反對民主式的人人平等，高等人追求貴族式、菁英式的卓越，因為在其心中，真正的正義是力量的平衡狀態，高等人認為不相等的力量自然造成不平等的等級，這才是正義。

儘管尼采本人鮮少真正地談論他所設想的政治體制，但是從他對於正義觀的討論中，我們可以清楚地掌握到他那種貴族政治的強烈傾向。毫無疑問地，尼采絕對不是民主制度的擁護者，尤其是具有民粹傾向的民主類型。但是，我們卻很難從他的思想中萃取明確的政治哲學，因為他從來不鼓吹一種集體行動的可能。他所追求的正義與高等人的境界已經完全超越於政治之外，而是一種孤高的生命狀態與美學情懷。尼采要求我們的，乃是超克既有的怨恨情感，擺脫群聚動物的溫順心態，他相信跳脫這個既有的善惡框架之後，我們會體會到另一層的生命光景。

---

[63] *Beyond Good and Evil*, §265.

六、尼采的個體政治

　　總結了尼采對於正義的討論後,接著的問題是:尼采的正義理論對於我們的啟發是什麼?我們首先必須清楚地理解,尼采從來都不試圖召喚集體的行動,也並未架構任何實際的政治方案,因此他的正義觀並非一種政治哲學的選項。如果一個人選擇了尼采所謂自由精神與高等人的道路之後,很明確地,其選擇的政治不會是一條進入共同體的道路,而是一條「超越政治」的道路,其選擇的正義不會是眾人的正義,而是一種個體式的正義,而其正義不會僅僅是在建構新秩序,同時也是不斷地解構自己已經成形的秩序。

　　因此,符特宣稱尼采敵視正義、納斯邦認為尼采沒有政治哲學,在某種程度上,這些論斷捕捉了若干真相。因為尼采確實對於眾人的政治與正義嗤之以鼻。但是尼采的拒絕並非是一種素樸的、未加反思的拒絕,而是掌握人類深層道德心理之後所採取的拒斥姿態,他對於那種以怨恨的反動情感為驅動力的政治是全然鄙視的。在尼采的角度看來,納粹德國召喚的民族情感,同樣也是一種畜群心態,貪婪資本家的巧取豪奪,也絕非對於生命的肯定態度,這些現實中的強者並非尼采設想中的「高貴的背叛者」,反而是既有價值與傳統的鞏固者。

　　尼采的哲學對於試圖建構一套正義體制的人們是一種針砭與提醒。他告訴著我們,一個真正落實崇高價值的共同體,其心理動機絕不能是一種反動與猥瑣的怨恨情感,而是正面積極的價值肯定。儘管如此,對於任何試圖建構政治烏

托邦的宏圖壯志,在尼采看來,仍舊是「人性,太過人性」。尼采的真正力量,永遠不是展現在建構的那一端,而是不斷突破既有疆界的超越企圖。尼采的政治,不會是眾人的政治,而是一種個體的政治。

第六章

正義的過去與未來

一、正義的多重臉譜

　　當代的諾貝爾獎經濟學大師沈恩（Amartya Sen），在探討過去幾百年西方的正義理論的發展時，感嘆今日主流的正義理論都是他所謂的先驗制度論（transcendental institutionalism）[1]，思考的是如何打造完美的正義制度，但是卻較少人將心力集中在正義的實現問題，也就是回

---

[1] 沈恩所謂的先驗 (transcendental) 是採用康德的哲學術語，「先驗」是指「事物的可能性條件」，也就是一件事物能夠成立或存在所必須預設的條件的意思。因此，正義的「先驗制度論」思考的是「正義如何可能」的基本原則問題。在沈恩看來，霍布斯、洛克、盧梭、康德，以及羅爾斯等等人的契約論，都是一種先驗制度論。

到具體的社會脈絡,提供特定社會條件下的解決方案。[2] 沈恩的提醒不無道理。如果正義理論的內容,若只是架構了一套工整完美的人類社會藍圖,那麼這種理論恐怕不可行。為什麼呢?因為真實的世界充滿多元性與複雜性,無法用簡單的模型與原理完全統攝。沈恩的感嘆讓我們想起了休謨在兩百七十五年前的提醒:正義必須來自人性與自然的基本事實,任何脫離現實的臆想都是可疑的。

但是沈恩的說法也不全然正確。假使我們沒有清楚的正義原則的指引,欠缺對於正義的後設理論,我們在現實世界中的正義追求恐怕會淪為盲目的摸索。因此,在正義的思考上,證成(justification)與實現(realization)都是不可或缺的元素。而除此之外,在當代的正義理論中,人性與道德心理的問題,也通常是被忽略或者刻意排除的元素。[3] 本書的基本目的,就是希望除了證成與實現的問題以外,同時將人性與道德心理的探索也納入正義理論的思考視野中。

當我們將視野回溯到十八、十九世紀的休謨、盧梭、康德與尼采等人的正義理論,我們會發現,在這些哲學家的思考中,人性以及人類的道德心理一直是重要的環節。即使是

---

[2] Sen (2009). *The Idea of Justice*. London: Penguin Book, pp. 5-10.

[3] 以當代知名的平等主義者內格爾(Thomas Nagel)為例,在他所要論證的正義理論中,他認為應該排除所有利益的考量,而他甚至認為利他(altruism)不是一種情感,是理性加諸於我們的要求。因此,在內格爾看來,我們只需要證明利他的行動在理性上是站得住腳的,而不需要額外的心理說明。(Nagel, 1970: 3)

在理性主義的代表人物康德身上，我們可以發現他不僅沒有取消人性與道德心理的探索，這些元素不僅重要，更是他的道德哲學中不可或缺的一部分。反觀休謨、盧梭與尼采的思想，道德心理更是最重要的基石。透過這個「復古」的考察，我們可以汲取許多當代所忽略的面向與思想遺產。

我們可以將正義的道德心理與人性基礎比喻為正義理論的「臉譜」。如同面容是表達人類情感的最重要媒介一樣，正義的道德心理學是讓正義產生「人味」的重要元素。若少了有人味的正義臉譜，我們將不知道正義與生命的連結為何，甚至我們將不知為何要為正義而戰。少了道德心理的血肉，正義理論將只剩下理性的骨骸，雖有層次分明的骨架，但卻少了驅動身軀的肌理。

在這本書，我們探討了正義的多重臉譜：正義既是冷靜又是熱切，正義既是理性也是激情，正義是既忌妒也寬大，正義是既高貴且虛榮，正義是既睥睨又敬重，正義是友愛也是怨恨，正義是既利他也自私，正義既是報復也是寬恕，正義是既公平也獨斷。透過休謨、盧梭、康德與尼采梳理的不同正義的情感起源，我們可以發現，正義的研究不應該只淪為沈恩所批評的先驗制度的建構而已，正義理論不只探討正義原則，同時也應該包括了人類的天性、集體心理、人類歷史發展歷程、人類複雜的道德心理機制的探討。當我們了解正義的多重臉譜以及正義感內部的糾結纏繞，我們將更能理解正義以及它對於人類存在的意義。

奠基在對休謨、盧梭、康德與尼采等人的道德心理學的研究基礎上，我們能夠獲得如何的啟發？我們如何從正義的過去展望正義的未來？

本章試著從三個方向總結這些討論的成果。第一個方向是對於正義的理念（idea）的反思。究竟正義是一種如何的理念？正義的最終目的是要建構一個終局的良序社會，又或者，正義的最終理念是一個永恆開放的未來？第二個要思考的方向，是關於正義的情感基礎。我們該如何理解正義感（sense of justice）的情感動力？我們要追求一種以利己為基礎或是以利他為導向的正義觀？第三個需要思考的方向是共同體（community）本身。我們應當追求什麼樣的共同體？是一個以集體優先的還是一個以個體為優先的共同體？是一個以自由價值為優先的共同體？或者是以平等價值為優先的共同體？以下將針對這些提問，從本書討論的成果中汲取一些思考的線索。

二、正義的建構與解構

傳統以來，正義被視為是政治社會中最重要的美德，如果沒有正義的支撐，一個共同體將處於分崩離析的危機。而正義的理念究竟是什麼？正義的最終追求又是什麼？在本書討論的休謨、盧梭、康德與尼采的學說中，基本上，正義的理念或最終追求有兩種方向，第一種方向是建構的，第二種方向是解構的。

在建構的理念之下，正義的最終追求乃是要建立一個良

好的正義體制，以使眾人能在此結構之下安身立命。因此，在這種建構的觀點下，正義理論的任務是要探討使正義得以可能的種種條件。在這種思維下，休謨的正義觀，以及盧梭與康德的契約論，都是一種建構的理念。在休謨看來，正義是一種人為制度，它如同一個拱頂結構，是由許多個人的利益考量所共同推砌出的建築，這個結構是由集體的共同利益感所支撐的。在休謨看來，一旦這個共同利益感消失了，正義的體制就會崩潰。對於休謨來說，這是一個實然的問題，眾人的利益結合了，則正義存，共同利益潰散了，則正義亡，正義是一種實然的建構，是以人性為磚瓦的建築學。

相對而言，盧梭與康德的契約論則是一種應然的正義建構。他們都認為，為了追求更高層次的道德與政治自由，人們應當制定原初的社會契約，建構一個眾人的意志得以匯集的正義體制。對他們而言，正義的建構是一個應然的要求，而不僅僅是一種實然的需要。在盧梭的人性論中，退出正義的建構，則眾人將回到敗壞而道德低度發展的不平等社會，進入正義的社會體制中，則人性將獲得提升。在康德看來，人類之所以建構正義的體制，乃是一種歷史發展的必然，是理性內在目的的發揚，也是克服人類根本惡的道德必要。無論是實然或應然的建構，休謨、盧梭與康德都會同意，我們需要一個正義的體制，而正義理論的目的就是要探討這種制度的可能性。

然而，在尼采看來，我們雖然必須「在正義跟前屈膝，肯認她是我們之上的唯一女神」，但是正義作為一種最高價值，並非人類可以建構與打造的。正因為正義的地位如此之

高，尼采認為人類永遠無法真正落實正義，而正義總是被人不斷背叛的理想。因此弔詭的是，尼采認為，從人類的角度而言，對於正義的真正追求，是落實在對於種種人為的正義的背叛，也就是成為他所謂的「高貴的背叛者」。就如同尼采所說的，正義是一個「建構、翦除與破壞的思維方式」，正義的理念絕對不只是一個建構的過程，它同時也必須蘊含一個解構（翦除與破壞）的可能性，透過建構與解構的持續循環，我們或能趨近那永不可及的正義女神。

在尼采的學說中，正義的理念與任務應當是一種永恆的解構，而不是以建構為最終的目的，因為當既有的結構確立了，它就如同是一個僵固的枷鎖，它就是對於正義的背叛了。因此，從尼采的角度來看，正義只能體現在不斷的背叛與破壞上，而破壞與批判則是邁向另一個建構的前提。在尼采的思維下，我們就不難理解，為何當代法國解構主義哲學家德希達（Jacques Derrida）會主張「解構就是正義」（deconstruction is justice）了。[4] 德希達認為，解構詰問起源，將價值的弔詭揭露出來，而這樣的探究方式就是對既有的法律與正義的問題化，而在他看來，解構就是對法、道德與政治基礎的問題化，以及對既存的價值體系進行內在矛盾的挖掘與批判。從十九世紀的尼采，到當代的德希達，我們都可以看到另一種正義的理念，一種以解構而不是以建構為目標的正義。

---

[4] Derrida (1992). "Force of Law: The 'Mystical Foundation of Authority'," in *Deconstruction and the Possibility of Justice*. Routledge, p.8.

但是，是否建構與解構的理念就無法並存？並不盡然。誠如尼采所說的，正義是同時包含了「建構」、「翦除」與「破壞」的思維方式。在尼采的思考中，建構與解構是一個循環的過程，差別在於，他並不以建構為正義的終點。同樣地，雖然休謨、盧梭與康德將正義視為是一種體制的建構，但他們也並不因此將正義視為是一種僵固的永久結構。在休謨看來，人類的正義觀必須隨著自然與人性的條件而變遷。而盧梭在討論普遍意志時，也強調普遍意志的動態性，因此今日之普遍意志絕對不能為明日的普遍意志劃界線。在康德的道德與政治哲學中，最高的普遍法則只是人類理性的理念，是我們時時刻刻用來反思自身實踐的理想，人類的道德與正義是永無臻於完善的一天。因此，若我們將視野拉高，正義可以是一個既建構而又包含解構的可能性的理念，這兩者實在是可以互補的正義理念，不必然要成為互斥的選項。

我們應當如何看待正義的理念呢？我們除了要有高蹈的道德理想之外，也要面對真實的人性。正義是一項人為的事業，是眾人在面對種種自然與生命的侷限下所建構出的良序社會（well-ordered society）的想像。這項事業不是一蹴可幾的單一計畫，它是世世代代的人們千錘百鍊、不斷地瓦解又不斷地拼湊與增添的產物。因此，盧梭認為政治作為一種匯集眾人意志的事業，乃是一項技藝。而正義正是這種技藝的產物。它是人們不斷地建構、解構、再建構的社會工程。

三、低度的利他主義

究竟正義的動機是利己的或是利他的？這是在正義的道德心理上的爭議。對於正義的心理動機，本書介紹的四位哲學家的觀點差異亦不小。在尼采的思想中，沒有比利他更為虛矯而自欺的動機了，在他看來，正義的本質就是一種交換，一種利益與力量的交換，因此正義的原初動機就是利己，而非利他。尤有甚者，尼采更將所謂利他的道德視為是一種奴隸道德造反的產物，是被扭曲與翻轉過後的價值，而正義感背後的情感基礎是來自奴隸的怨恨情感。尼采認為，我們當今主流的正義觀，其背後的情感基礎是利己的動機與怨恨情感夾雜而生的反動情感，是一種否定生命的思想。而尼采個人鼓吹的正義，則是一種貴族式的價值觀，一種超越善與惡的既定框架的生命態度。尼采的學說是聳動而令人驚駭的。在他的顛覆之下，利他成為卑賤者的偽裝，利己才是高貴者的冠冕。

休謨對於利他與慈善心的假設也多所批評。從休謨的角度看來，正義乃是忌妒的美德，人類追求正義的最原初的動機也是利己的動機。休謨認為，由於人們不願獲得比他人更差的地位或更少的資源，因此人們要求公平的對待，人類才有了正義的需求。但是與尼采不同的是，休謨同時也替利他的可能性保留了空間。休謨在人類的同理心中，發現了利他的可能性。因為人類有同理心的能力，因此我們能超拔出自己的立場去看待事物，因此人類有可能因為利他的理由而暫時擱置自身的利己動機。儘管如此，休謨還是認為，人類的

利己動機是遠遠強過利他的動機，完全以利他的理由所建立的正義制度是無法永續的。在休謨的學說中，利己與利他的兩種心理動機是共存的，在正義的制度中缺一不可。

盧梭對於正義感的觀點則較為迂迴複雜。從他的角度來看，愛己心（amour de soi）是人類天生的本能，在自然狀態之下，愛己心是中性的，它沒有善惡之別，但是愛己心在人類群聚生活出現之後，開始質變為虛榮的尊己心（amour-propre），人類不僅僅是求自身的生存而已，更進一步追求超越他人的尊榮與名譽，此時，這種虛榮而質變的利己動機才成為一種惡性的來源。但是，盧梭同樣也保留了利他的可能。他認為，人類除了愛己心之外，同樣也有一種以他人為念的憐憫心，它使我們避免傷害他人或製造他人的痛苦。因此，在盧梭的人性論中，人類天生就具備利他的本能。此種利他的憐憫心乃是人性的基礎。特別的是，盧梭在此突出了社會的角色。人類的群居生活強化了惡性的尊己心，當憐憫心已經不足以駕馭或壓抑人類的尊己心時，種種的社會惡就開始萌發與失控。有趣的是，盧梭並不認為正義感背後的利他動機是來自於溫暖的憐憫心，相反地，正義感背後的情感基礎是虛榮的尊己心。盧梭所謂的尊己心具有兩面性，從惡性的角度來看，尊己心是人類一切不平等現象的來源；但是，從良性的角度來看，尊己心衍生出了一種平等意識，一種不願屈居人後的情感。奠基在這種平等的意識之上，盧梭所訴求的社會契約才得以可能，正義的普遍意志才得以存在。

在康德的哲學體系中，嚴格來說，如果將利己或利他當作是一種經驗性的情感的話，都會被康德歸於愛好

（inclination; Neigung）的概念之下，都是理性應該加以剔除與壓抑的對象。康德認為，正義感的基礎是來自於理性，而不是人的感性。我們之所以將一個行動視為是我們應當履行的義務，是因為它符合理性的要求（經得起定言命令的考驗），而不是因為這個行動能夠帶給我們情感上的愉悅。因此，康德認為，正義的情感基礎乃是由理性產生的實踐愛與敬重心，而非感性上的愉悅或恐懼。從效果來說，正義具有利他的效果，因為正義的義務要求我們不分彼此、無差別地履行我們的義務，所以我們對於自己與他人都應當視為目的本身，而不能僅僅視為是工具。當然，康德並不認為如此高蹈的道德理想可以一次到位，實踐愛與敬重心需要長期的人性陶養才能成就。

總結以上的討論，正義究竟是利己的或是利他的，並不是一個可以簡單論斷的題目。不可否認的，正義的情感如此複雜，它夾雜了忌妒、怨恨、愛、敬重、虛榮等等的情感，它不全然是利他的，但也不純粹是利己的。那我們該如何看待正義感背後的情感基礎呢？或許，我們應當追求的不是忽視人類自私本性的利他正義，而是一種低度的利他主義。所謂低度的利他主義，是一種同時兼容利己與利他動機的觀點，兩者必須並存。若正義只是純然利己的，則正義的維持將是短暫而脆弱的，因為利己的動機會完全凌駕在共同利益的考量之上；但若正義是純然利他的，這顯然違背人性中根深蒂固的利己動機與愛己心，則正義將脫離人性而淪為道德的泡沫。

四、共同體的追求

　　無論是最強調個體性的個人主義，或者是強調集體性的社群主義，都會同意一個基本的人類現實：人類是群居的動物，而在既有的自然條件以及人類的生物學與心理學的條件上，人類必須生活在社會之中。即使是在最強調個體性的尼采的哲學中，「大脫離」之後的自由精神仍舊回到了社會之中，以一種貴族精神、自我超越的姿態活在他所睥睨的平庸人群之上。因此，在政治與正義的思考上，真正有意義的基礎問題，不是我們需不需要政治與正義，而是我們該活在哪種政治與正義的制度之中。真正有意義的問題將是：我們應當追求一個如何的共同體？

　　一個共同體的存續必須仰賴某種價值的實現。在霍布斯與休謨這些經驗主義者的觀點下，共同體最原初的目的就是確保個人的自我生存。但是僅僅是生物性的自我生存，顯然不足以確保共同體的穩固性。共同體的存在必須仰賴一個更為長久而普遍的價值作為其脊梁。在政治哲學的討論中，共同體所要捍衛的價值很多，最基礎的就是自由與平等的價值。但是自由與平等的價值孰先孰後？自由主義者相信自由的價值應當優先於平等，社會主義者相信平等的價值應該節制自由的無窮追求。這個價值的排序問題因此決定了眾家意識形態的不同正義觀。

　　在自由與平等的優先問題上，我們可以從盧梭與康德的觀點得到線索。在他們的理論中，自由是人類行動的最高

原則，是一切政治體制的正當性基礎，一個違背自由價值的社會將是一個不正義的體制。但是他們同時也主張，雖然自由是唯一具有內在價值的最高原則，但是從自由的概念中同時也衍生出平等的概念。因為一個由自由人所共同建構的政治社會下，人人都會享有權利與道德地位上的平等，而一個不平等的社會將無法達到自由的理想。康德不僅僅將平等侷限於權利地位的平等，他還將論述深及當代所謂社會平等的問題。康德認為，一個平等的正義制度，同時要確保每個人可以獲得機會的平等，甚至於，康德也接受我們當代所謂的財產重分配的概念，他認為政府在課徵稅賦時必須考量納稅人的貧富差異。其理甚明，在康德看來，一個在生活的水平上嚴重不平等的社會，無法成為一個長治久安的正義體系。因此，儘管在盧梭與康德的觀點下，平等本身沒有內在價值（也就是不管其他條件，其本身的存在就具有價值），平等是依附在自由概念下的衍生價值。但是，平等價值卻是確保自由能否充分實現的重要條件。因此，回到本書導論中的諾齊克之問。諾齊克質疑，平等究竟有何可欲性？答案很簡單：平等本身雖然沒有內在的獨立價值，但平等是實現自由的正義體制的必要條件。

然而，光有自由與平等價值的支撐，一個共同體的穩定性仍有不足。沒有情感作為共同體成員的連結，自由與平等的體制也無法穩定。在休謨看來，這種眾人情感上的黏著劑，是一種集體的共同利益感。由於共同體的成員都具有對於共同利益的信念，因此成員願意暫時擱置自身利己的考量。而盧梭也充分意識到徒有自由與平等條款的規範，仍不

足以確保共同體的穩定性,因此他在《社會契約論》的最後提出了公民宗教(civic religion)的概念,它所確保的是人們對於共同體與基本原則的愛與認同。康德則將這種情感的連結稱之為實踐愛,一種對於普遍法則與人性尊嚴的愛。

無論這些哲學家如何稱呼與界定,他們都同意,一個正義的體制需要眾人情感的認同與附著。或許我們可以將這種彼此具有共同命運的一種連結感(interconnectedness),稱之為友愛(fraternity)。因此,我們最終要追求的正義,必須是一個同時能夠安置自由、平等與友愛價值的共同體。為了實踐正義,我們需要的不只是對於正義概念的釐清,也不只是對於正義原則的架構,我們更需要進入人類的情感與人性的內涵,理解正義的理性,也了解正義的激情。

參考書目

康德，《道德底形上學之基礎》，李明輝譯，聯經出版社，1989 年。

康德，《康德歷史哲學論文集》，李明輝譯，聯經出版社，2002 年。

康德，《三大批判合集》，鄧曉芒譯，共兩集，人民出版社，2009 年。

康德，《康德著作全集》，李秋零主編，共九卷，中國人民大學出版社，2010 年。

盧梭，《盧梭全集》，李平漚譯，共九卷，北京商務印書館，2013 年。

Aristotle (1941). *The Basic Works of Aristotle*. New York: Random House.

Augustine (1962). *The Political Writings of St. Augustine*. H. Paolucci (Ed.). Chicago: Regnery Gateway.

Berlin, I. (2002). *Freedom and Its Betrayal: Six Enemies of Human Liberty*. Princeton: Princeton University Press.

Buckle, S. (2007). "Introduction," in S. Buckle (Ed.), *An Enquiry Concerning Human Understanding and Other Writings* (pp. ix-xxxi). Cambridge: Cambridge University Press.

Cassirer, E. (1963). *Rousseau, Kant and Goethe*. Princeton: Princeton University Press.

Cohen, J. (2010). *Rousseau: A Free Community of Equals*. Oxford: Oxford University Press.

Dent, N. (1988). *Rousseau*. Oxford: Basil Blackwell.

Dent, N. (2005). *Rousseau*. New York: Routledge.

Dent, N. and O'Hagen, T. (1998). "Rousseau on Amour-Propre," *Proceedings of the Aristotelian Society, Supplementary*, 72: 57-75.

Derrida, J. (1992). "Force of Law: The 'Mystical Foundation of Authority'," in *Deconstruction and the Possibility of Justice*. New York: Routledge.

Emerson, L. (1995). "The 'Affair' at Edinburgh and the 'Project' at Glasgow: The Politics of Hume's Attempts to Become a Professor," in M. A. Stewart & J. P. Wright (Eds.), *Hume and Hume's Connexions* (pp. 1-22). Pennsylvania: Pennsylvania State University Press.

Finis, J. (2011). *Natural Law and Natural Rights*. Oxford: Oxford University Press.

Foot, P. (1994). "Nietzsche's Immoralism," in R. Schacht (Ed.), *Nietzsche, Genealogy, Morality: Essays On Nietzsche's Genealogy of Morals* (pp. 3-13). Berkeley/Los Angeles/Oxford: University of California Press.

Heidegger, M. (1991). *Nietzsche*, Volumes III & IV. D. Krell (Ed.). New York: Harper Collins.

Hobbes, T. (1994). *Leviathan*. Indianapolis: Hackett Publishing Company.

Hume, D. (1975). *Enquiries Concerning Human Understanding and Concerning the Principles of Morals*. L. A. Selby-Bigge & P. H. Nidditch (Eds.). Oxford: Oxford University Press.

Hume, D. (1978). *A Treatise of Human Nature*. L. A. Selby-Bigge & P. H. Nidditch (Eds.). Oxford: Oxford University Press.

Hume, D. (2006). *Essays: Moral, Political, and Literary*. New York: Cosimo Classics.

Hume, D. (2007). *An Enquiry Concerning Human Understanding and Other Writings*. S. Buckle (Ed.). Cambridge: Cambridge University Press.

Hunt, L. (1991). *Nietzsche and the Origin of Virtue*. London: Routledge.

Hurka, T. (2007). "Nietzsche: Perfectionist," in B. Leiter & N. Sinhababu (Eds.), *Nietzsche and Morality* (pp. 9-32). Oxford: Oxford University Press.

Jaspers, K. (1997). *Nietzsche: An Introduction to the Understanding of His Philosophical Activity*. Translated by C. Wallraff & F. Schmitz. Johns Hopkins University Press.

Kant, I. (1900-). *Kants gesammelte Schriften*. Berlin: Walter de Gruyter.

Kant, I. (1996). *Practical Philosophy*. M. Gregor (Ed.). Cambridge: Cambridge University Press.

Kant, I. (1997). *Lectures on Ethics*. P. Heath & J. Schneewind (Eds.). Cambridge: Cambridge University Press.

Kant, I. (1998). *Religion within the Boundaries of Mere Reason*. A. Wood (Ed.). Cambridge: Cambridge University Press.

Kant, I. (1998). *Critique of Pure Reason*. P. Guyer & A. Wood (Eds.). Cambridge: Cambridge University Press.

Kant, I. (2005). *Notes and Fragments*. P. Guyer (Ed.). Cambridge: Cambridge University Press.

Kant, I. (2007). *Anthropology, History, and Education*. G. Zöller & R. Louden (Eds.). Cambridge: Cambridge University Press.

Leiter, B. (2010). "Nietzsche's Moral and Political Philosophy," in *Stanford Encyclopedia of Philosophy*. Stanford: Stanford University.

Locke, J. (1988). *Two Treatises of Government*. Cambridge: Cambridge University Press.

Mackie, J. (1980). *Hume's Moral Theory*. London: Routledge.

Marini, F. (2006). "Popular Sovereignty but Representative Government: the Other Rousseau," in *Jean-Jacques Rousseau: Critical Assessments of Leading Political Philosophers* (pp. 53-70), Vol. III. New York: Routledge.

Nagel, T. (1970). *The Possibility of Altruism*. Princeton: Princeton University Press.

Neuhouser, F. (2008). *Rousseau's Theodicy of Self-Love*. Oxford: Oxford University Press.

Nietzsche, F. (1967). *The Will to Power*. Translated by W. Kaufmann & R. Hollingdale. New York: Vintage Books.

Nietzsche, F. (1975). *Kritische Gesamtausgabe. Werke und Briefwechsel*. G. Colli & M. Montinari (Eds.). Berlin: Walter de Gruyter. (Digitalized by P. D'Iorio as *Digitale Kritische Gesamtausgabe Werke und Briefe*)

Nietzsche, F. (1986). *Human, All too Human*. Translated by R. Hollingdale. Cambridge: Cambridge University Press.

Nietzsche, F. (1997a). *On the Genealogy of Morality*. Translated by K. Ansell-Pearson. Cambridge: Cambridge University Press.

Nietzsche, F. (1997b). *Daybeak*. Translated by M. Clark & B. Leiter. Cambridge: Cambridge University Press.

Nietzsche, F. (1997c). *Untimely Meditations*. Translated by R. Hollingdale. Cambridge: Cambridge University Press.

Nietzsche, F. (2001). *The Gay Science*. B. Williams (Ed.). Cambridge: Cambridge University Press.

Nietzsche, F. (2002). *Beyond Good and Evil*. Translated by R.-P. Horstmann & J. Norman. Cambridge: Cambridge University Press.

Nietzsche, F. (2005). *The Anti-Christ, Ecce Homo, Twilight of the Idols*. A. Ridley & J. Norman (Eds.). Cambridge: Cambridge University Press.

Nietzsche, F. (2006). *Thus Spoke Zarathustra*. A. Caro & R. Pippin (Eds.). Cambridge: Cambridge University Press.

Norton, J. (2010). "How Hume and Mach Helped Einstein Find Special Relativity," in M. Domski & M. Dickson (Eds.), *Discourse on a New Method: Reinvigorating the Marriage of History and Philosophy of Science* (pp. 359-386). Chicago: Open Court.

Nozick, R. (2001). *Anarchy, State and Utopia*. New York: Blackwell Publishing Limited.

Nussbaum, M. (1997). "Is Nietzsche a Political Thinker?" *International Journal of Philosophical Studies*, 5: 1-13.

Orwell, G. (1956). *Animal Farm*. New York: The New American Library.

Plato (1941). *The Works of Plato*. New York: The Modern Library.

Rawls, J. (1980). "Kantian Constructivism in Moral Theory," *The Journal of Philosophy*, 77(9): 515-572.

Rawls, J. (1993). *Political Liberalism*. New York: Columbia University Press.

Rawls, J. (1999a). *A Theory of Justice*. Cambridge, Massachusetts: Harvard University Press. (Revised edition)

Rawls, J. (1999b). *The Law of Peoples*. Cambridge, Massachusetts: Harvard University Press.

Rawls, J. (1999c). *Collected Papers*. S. Freeman (Ed.). Cambridge, Massachusetts: Harvard University Press.

Rawls, J. (2000). *Lectures on the History of Moral Philosophy*. B. Herman (Ed.). Cambridge, Massachusetts: Harvard University Press.

Riley, P. (2000). "Malebranche's Moral Philosophy: Divine and Human Justice," in *The Cambridge Companion to Malebranche* (pp. 220-261). Cambridge: Cambridge University Press.

Rousseau, J. (1971). *Rousseau: Œuvres Complètes*. Paris: Éditions du Seuil.

Rousseau, J. (1979). *Émile, Or on Education*. Translated by A. Bloom. New York: Basic Books.

Rousseau, J. (1995). *The Confessions and Correspondence, Including the Letters to Malesherbes*. Translated by C. Kelly. Hanover and London: University Press of New England.

Rousseau, J. (1997a). *The Discourses and Other Early Political Writings*. Translated by V. Gourevitch. Cambridge: Cambridge University Press.

Rousseau, J. (1997b). *The Social Contract and Other Later Political Writings*. Translated by V. Gourevitch. Cambridge: Cambridge University Press.

Russell, B. (1945). *A History of Western Philosophy*. New York: Simon & Schuster.

Schacht, R. (1983). *Nietzsche*. London: Routledge.

Schmitt, C. (2005). *Political Theology: Four Chapters on the Concept of Sovereignty*. Chicago: University of Chicago Press.

Sen, A. (2009). *The Idea of Justice*. London: Penguin Book.

Shklar, J. (1973). "General will," in *Dictionary of the History of Ideas*, Vol. 2 (pp. 275-281). New York: Scribner.

Shklar, J. (1985). *Men and Citizens*. Cambridge: Cambridge University Press.

Solomon, R. (1994). "One Hundred Years of Ressentiment: Nietzsche's Genealogy of Morals," in R. Schacht (Ed.), *Nietzsche, Genealogy, Morality: Essays On Nietzsche's Genealogy of Morals* (pp. 95-124). Berkeley/Los Angeles/Oxford: University of California Press.

Solomon, R. (1999). "Nietzsche's Virtues: A Personal Inquiry," *Royal Institute of Philosophy Supplement*, 44: 81-108.

Wood, A. (1993). *Kant's Ethical Thought*. Cambridge: Cambridge University Press.

```
國家圖書館出版品預行編目（CIP）資料

正義的激情／吳豐維著
 -- 再版. -- 新北市：華藝學術出
版：華藝數位發行, 2016.01
 面；公分
 ISBN 978-986-437-044-3（平裝）
 1. 西洋哲學　2. 社會正義
 140                              105000202
```

正義的激情

作　　者／吳豐維
責任編輯／謝佳珊、趙凰佑
美術編輯／林玟秀

發 行 人／鄭學淵
總編輯經理／范雅竹
發行業務／陳水福
法律顧問／立暘法律事務所　歐宇倫律師
出　　版／華藝學術出版社（Airiti Press Inc.）
　　　　　地址：234 新北市永和區成功路一段 80 號 18 樓
　　　　　電話：(02)2926-6006　傳真：(02)2923-5151
　　　　　服務信箱：press@airiti.com
發　　行／華藝數位股份有限公司
　　　　　戶名（郵局／銀行）：華藝數位股份有限公司
　　　　　郵政劃撥帳號：50027465
　　　　　銀行匯款帳號：045039022102（國泰世華銀行　中和分行）
ISBN ／ 978-986-437-044-3
DOI ／ 10.6140/AP. 9789864370443
出版日期／2016 年 1 月再版
定　　價／新台幣 340 元

版權所有・翻印必究　　Printed in Taiwan
（如有缺頁或破損，請寄回本社更換，謝謝）